日思夜读·情感卷

你的幸福常在别人眼里

人民日报新媒体中心 主编

人民日报出版社

图书在版编目 (CIP) 数据

日思夜读.情感卷：你的幸福，常在别人眼里/人民日报社新媒体中心主编.——北京：人民日报出版社，2017.12
ISBN 978-7-5115-5132-0

Ⅰ.①日… Ⅱ.①人… Ⅲ.①散文集—中国—当代 Ⅳ.①I267

中国版本图书馆 CIP 数据核字（2017）第 295348 号

书　　名：日思夜读.情感卷：你的幸福，常在别人眼里
作　　者：人民日报社新媒体中心

出 版 人：董　伟
责任编辑：谢广灼
装帧设计：宁亚茹

出版发行：人民日报出版社
社　　址：北京金台西路 2 号
邮政编码：100733
发行热线：（010）65369509　65369527　65369846　65363528
邮购热线：（010）65369530　65363527
编辑热线：（010）65369533
网　　址：www.peopledailypress.com

经　　销：新华书店
印　　刷：北京中科印刷有限公司

开　　本：880×1230mm　　1/32
字　　数：139 千字
印　　张：8.5
印　　次：2018 年 1 月第 1 版　　2018 年 11 月第 2 次印刷

书　　号：ISBN 978-7-5115-5132-0
定　　价：42.00 元

目录

我见过你最深情的面孔和最柔软的笑意，
在炎凉的世态之中灯火一样
给予我苟且的能力，
边走边爱。

010　回家不是一年一次的旅行 / Melonmelonmelon

014　世人都想拯救世界，却没人帮妈妈洗碗 / 摆渡人

021　你今天必须坚强的理由 / 卢思浩

028　我们为什么越长大越胆小 / 沐沐

034　那不说一句的爱有多好 / 钱饭饭

041　那些废话里，藏着你最大的幸福 / 苏心

046　只有一种好吃的，全世界你都买不到 / 王大纯

050　意气风发的你，是回家最好的礼物 / 萧萧依凡

055　可是，我们没有办法拒绝长大 / 老妖

059　有时候，让我们成长的并不是年岁 / 心远

064　不让爱你的人失望，人生才有希望 / 吴瑟斯

069　人生最好的样子是干净而不放弃 / 谢姣姣

B

假如不能被爱是一条黑暗的小路,
燃着爱的心还可以照耀着你前行,但倘若全无所爱,
便如那绵绵的秋雨,把你的生活打得僵冷。

077 抱歉,没活成你们眼中的样子 / 阿春牧羊犬

083 好好爱身边的人 / 一直特立独行的猫

087 想活得年轻,就要年轻地活着 / 沐沐

092 待人友善是一种教养 / 王珣

096 愿你学会,笑着低下头 / 李月亮

100 人生不是百米跑,别太在乎起跑线 / 杨雨晴

105 可以不服输,但要会认输 / 晚睡

109 愿你的生活,既有软肋又有盔甲 / 李月亮

113 因为有爱,每句话都要好好说 / 张铁

117 你的幸福,常在别人眼里 / 马德

120 你是个女孩子,那又怎么样 / 入江之鲸

126 我们为什么要相信美好的东西 / 李月亮

132 你可以哭,但别哭太久 / 李月亮

135 不在别扭的事上纠缠 / 马德

139 请珍惜这平凡的生活 / 丫头的徐先生

144 嘿,你要遇到很多人哦 / 陶瓷兔子

目录

C

我爱马，爱花，爱相陶，
爱这些有生命才能懂得去爱的东西。

153   最好的生活是从柴火堆里开出玫瑰花 / 菀彼青青

159   你最漂亮的样子，是对生活温柔 / 王珣

164   你那么爱跑步，一定很优秀吧 / 愈姑娘

169   将生活中的一地鸡毛，扎成漂亮的鸡毛掸子 / 微微一笑很倾墙

173   学会爱自己，是永远不会错的事 / 小木头

178   人生需要你以热爱相待 / 徐嗖

182   若你和曾经的我一样自卑 / 伊心

187   你有趣了，你的生活才会有趣 / 一直特立独行的猫

190   那些心平气和，却有无限力量的人 / 紫健

195   你不苟且，世界就没有暧昧 / 马德

198   愿你成为一个有趣的人 / 左夏

202   给过去一些原谅，给未来少点妥协 / 暖先森

208   微笑着仰望星空，无论生活有多糟糕 / 萧萧依凡

213   勇敢爱人，才是快乐的真谛 / 小莉

218   你是否也坚持着一种渴望，一年又一年 / 慧慧

D

一想到能和你共度余生,
我就对余生充满期待。

225　我们终会从爱中获得幸福 / 猫小熊

229　你给我爱情就好,面包我自己买 / 米格格

234　请对最亲密的人保持尊重和耐心 / 王瑞珂

237　去爱一个积极的人 / 杨熹文

244　当拇指代替爱语,手机代替伴侣 / 周宏翔

248　不要因为害怕结束,就拒绝所有的开始 / 米格格

253　不靠谱和很安稳 / 卢思浩

259　现在不让自己增值,难道要坐等着贬值吗 / 夏苏末

264　孤独的日子,往往是你迅速成长的日子 / 修行的猫

年少时总以为家是自由的枷锁,
长大以后才明白,
是它给了我们闯荡世界的底气。

那些年我们觉得无比啰唆和不耐烦的唠叨，
到了异地他乡的漫长岁月里，
都成了心灵的春天。

我见过你最深情的面孔和最柔软的笑意，
在炎凉的世态之中灯火一样
给予我苟且的能力，
边走边爱。

——七堇年

回家
不是一年一次的旅行

文 · Melonmelonmelon

"没有了春节,感觉新年永远不会到来了。"在日本念研究生的发小在微信上跟我吐槽。元旦新年对中国人实在有些不疼不痒,没有那些噼里啪啦的新年炮仗,就没有一年结束的感觉。

发小走的时候我从深圳飞到北京送他,一路上一切都如常,在他走进安检区的一刻,伯母却瞬间泪奔——血浓于水的意义就在于此,对我们不过是一次时间很长的分别,到了爸妈那里却是肝肠寸断。

大学时的女朋友没有熬过跨国恋,"换个对象真的没什么,这种异国的不都在意料之中吗。"微信语音除了聊一些有的没的,也会走心:"我真的想我爸妈,过年回去你帮我看看他们吧。"

大概是随着年龄的增长,"家"这个字在心里的分量越来越重,我们对于家的依恋也变得愈发明显。那些年我们觉得无比啰唆与不耐烦的"多吃""加衣服",到了异地他乡的漫长岁月里,都成了心灵的春天。

我从小是奶奶带大的,乡下的院子里在很长一段时间只有我跟奶奶两个人。读初中,变成了两周才能回一次家;到了高中,就变成一个月一次;大学变成了半年;到了现在,一年也只剩下了春节——就像是眨眼即逝的片刻。

回家,最终像是变成了一年一次的旅行。

以前不觉得这种变化有什么异样,享受着自己的世界一点点扩张,我把自己的足迹从地球的这一边留在了地球的对面。但是父母长辈的世界不变了,他们的世界只有那么大。跟着岁月碾压而来的,只有年老、疾病,每一天都在逝去,生活在剥夺着他们。

自己离开后的院子十分空旷,只有奶奶跟一只猫的落寞。对于一个老人来说,每一天的时间究竟有多漫长!想想觉得心酸,总觉得有着难以弥补的亏欠。

年少时的家是向往自由时的负担,是永远没有办法理解自己的父母,是家里平凡的日常比不上外边的精彩。等到了长大的一天,才知道家是在大社会里的牵挂,是能让自己彻底放松的空

> 血浓于水的意义就在于此,对我们不过是一次时间很长的分别,到了爸妈那里是肝肠寸断。

间,是游走在光怪陆离诱惑之间时不让自己迷失方向的指南。

但是残酷之处就在于此,年纪越是增长,生活中无可奈何的地方也日积月累地多了起来。无可奈何是看着父母的沧桑无能为力,有时候一个电话也是奢侈;无能为力是自己在职场上说一不二,却没有办法在春节的时候兑现回家看看的诺言。

身世浮沉雨打萍——在城市里的我们,每一个个体都是如此渺小。我们拥有多么绚丽的白天,只有自己知道熬过多少深的黑夜。我们都是咬着牙才能一步一步往下走,以前以为"心之所属的地方,才是归宿",稍微有了一点点年纪,才觉恍然,向往永远是向往,归宿就是归宿。

君问归期未有期——春运作为"人类一年一度的大规模迁徙",我们每个人都投入其中——永远难抢到票的12306,一直都在晚点的班机——我们每个人都在抱怨,却又义无反顾地走在归来的路上。

我们在家里肆意地放松着,在父母的视线中又回到了童年,有着最适合自己胃口的饭菜,回到最能让自己轻松的房间,睡最安稳的觉,并且在几天过后开始对父母催婚以及其他的瞎操心变得不耐烦。

我们终于又见到了相识多年的老朋友们，在从小到大的回忆里笑得肚子疼，看着彼此找到伴侣，有的孕育了新的生命；也在可能变味的同学会上看到岁月带来的变化，春风得意或者泯然众人，像是一场人生的戏剧。

我们终将在一开始就进入倒计时的春节假期里认识到回家的意义。

我们在这样琐碎的日常里逐渐认识到生活的本真，我们最终能在父母的身上看到平凡的伟大，我们重新认识自己、发现自己，再在新的一年里踏上征程，砥砺前行。

我们学会珍惜，坦然长大，谅解了时光。

回家，不是一年一次的旅行。

世人都想拯救世界，却没人帮妈妈洗碗

文 · 摆渡人

1

前不久在报纸上看到过一篇文章，说的是一个小男孩儿的理想。

在一次题目为《我的理想》的作文测试中，科学家、歌唱家、作家……各种"家"字辈的理想赚足了版面和期许，赢得了很多"有志向""少年有志""世界未来主人"的赞叹和鼓励，而一个小男孩儿的理想却是：变成一条狗。

很多人为他的理想而哗然、而哂笑、而看不起，但他选择此理想的原因却令人潸然。因为他变成一条狗之后，便能保护妈妈了。

我们常说："小时候以为自己能拯救世界，长大后才发现整个世界也拯救不了我。"其实拯救世界固然是宏伟远大的理想,但珍惜眼前人的道理也值得被世人铭记。

这个世界就是这样,我们努力地追求幸福、努力变得更强大爬得更高,却往往忽视了微小却珍贵的温暖和感动。有着丰满炫目的理想固然让人欣喜,可连身边细小的事情都做不好,还谈什么远大抱负?连自己身边的人都照顾不好,还谈什么改变世界?

有句话说得好,世人都想拯救世界,却没人帮妈妈洗碗。

2

萧雅是个从农村来到大城市的女孩儿,父母本不同意她远离家乡读书。但是,虽然她是个女孩子,却有着男孩子的傲气,倔强地要去远方,还说不然就不读书了。家人磨不过她,便只好遂了她的愿。

她学习很努力,大学时候的表现也很出色,毕业后便留在了那个大城市工作。因为离家太远,萧雅一年之中也就回家一次,每次待十天左右。回到家,父亲母亲就会像招待远方的贵客一样对待萧雅。等女儿走的时候又是一把鼻涕一把泪。

我们努力地追求幸福、努力变得更强大爬得更高，却往往忽视了微小却珍贵的温暖和感动。

要说萧雅不想回家谁都不相信，她努力工作努力赚钱，每个月都往家里打钱，从物质上无忧地满足了父母的衣食住行。

街坊邻里都说："老萧，你们家祖上冒青烟儿了，生了个这么有出息的女儿。"可是其中的酸甜苦辣，只有自己最清楚。父母希望你能出人头地，能有一番大作为，其实说到底，是希望你能幸福。如果他们给不了你想要的生活，那么他们会放你走。与此同时，父母的幸福不过是儿女相伴、子孙绕膝，你的离开也就剥夺了他们幸福的权利。

没有什么能够抵得上"陪伴"二字在人一生中的重量，如果父母永远身康体健，可能萧雅永远都不会懂得"为妈妈洗碗"的意义。

3

萧雅一直认为她的成功，就是给爸妈最好的回报。的确如此，可是也不仅仅如此。

那年冬天格外冷，萧雅不太想回到寒冷的北方，所以打算待到除夕前一天再回家。父母没有多说什么，即使他们非常渴望女儿能够趁着春节长假多陪陪自己。

还没到归期,萧雅就收到了家里的噩耗:父母亲煤气中毒,抢救无效身亡。

这样的消息让萧雅沉湎于失去亲人的悲痛之中。或许她早一点回家,父母就不会烧那种廉价的煤炭,不会那么大意,不会变成现在这个样子。如今这样,即使自己再成功,好像也失去了意义。她后悔自己只顾拼事业,只顾自己的宏图大志而对老人不够关心。她后悔没有及时回家帮妈妈置办年货,没有帮妈妈洗一次碗,没有多陪爸爸喝一壶酒。

我想,很多人都会这样的吧。

年轻的时候老想往外走,把陪伴抛之脑后,"树欲静而风不止,子欲养而亲不待"的道理只在某些时候才让人彻悟,而彻悟的时候往往为时已晚。

4

我认识的一位老师,读书的时候也是年级里的佼佼者,成绩、能力各方面都非常出众,那时候他的理想也是不着边际的崇高和伟大。

他的大学，也是在很远的地方。大学期间，趁着周末和节假日，他拿着一张学生证去了很多的地方，旅游相册越来越厚。很多人对他的父母说："你家小李那么四处闯荡，以后估计也不会留在身边。"

可是恰恰相反，他大学毕业之后就回到家乡的高中，做了教书匠。现在每天都能见到父母，虽然不住在一起，却离得非常近，来往方便。

他说："谁不想在青春正盛的时候掀一掀风浪，做点儿什么轰轰烈烈的事业呢？可是我父母只有我一个儿子，而且他们两个身体都有一些老毛病，我走了他们怎么办？我可不放心让他们两人相依为命。所以，我在年轻的时候就几乎把所有的城市都走了一遍，见惯了所有的风光，提前爱上了平淡，毕业之后就老老实实待在父母身边，有一份稳定的工作，一个和美的家庭，也就够了。"

"说实话，偶尔也会有后悔的时候，尤其看到当年的同学衣锦还乡受到众人赞许的时候，但也仅仅是那一两个瞬间的感觉。他们每个月给家里寄钱，甚至每次寄的比我一个月的工资都多，但是他们不能给父母亲人陪伴，不能帮妈妈做点力所能及的事。他们在外边过得再好，父母亲还是会牵挂会不放心。"

我想，对于父母来说，最好的陪伴就是常在身边。只要有你常在眼前，一切都会温暖。

5

经营好工作的同时，再经营好自己的人生，是何其难的一件事。成功的事业和幸福的家庭，二者并非鱼与熊掌、水火不容。二者的侧重是见仁见智的事情，没有绝对的定理规定人生该怎么过，也不必效仿他人的步履，这本来就是自己的事情。

你长大了，生养我们的父母却不再年轻了。他们一辈子劳碌，曾经为你洗衣做饭，现在可能洗碗都变得非常困难。而每当你回到家时，最美好的一面又会呈现在你面前。在父母看来，你在的时候，天天都是过年。你不在的时候，年年都难过。

世人都想拯救世界，都想把自己的人生活得光彩夺目，成为社会的中流砥柱，以致我们一直瞩目未来，却很少回头看看家里孤独饮酒的父亲、孤独洗碗的母亲。对他们来说，最奢侈的礼

> 在父母看来,你在的时候,天天都是过年。你不在的时候,年年都难过。

物,不是你为母亲逛了一天的街还没入手的一件大衣,也不是你带回家的名贵好酒,更不是父母银行卡里疯涨的数字,而是最简单也最难得的儿女的陪伴。

所以,趁着父母还在,常回家看看,"哪怕给爸爸捶捶后背揉揉肩,哪怕帮妈妈刷刷筷子洗洗碗"。你会发现,拯救世界很困难,为父母做点事情却是很简单。

你今天必须坚强的理由

文·卢思浩

小时候住得偏,要去书店得先从家门口出发,走两百米到车站,花3块钱坐公交车到市里。那时候我经常缠着奶奶去书店,奶奶很疼我,一有假期就会带我去。从家里去书店要将近一个小时,但在那个时候我从来没有觉得这一小时有多漫长。

那时市里的新华书店也不大,只有两层,底下放着很多畅销书,楼上放着实用类的书,只有一小块儿摆放着少儿读物。我记得买的第一本书是《三毛流浪记》,当时我还买错了,多花了十块钱,心疼了一个星期。

再后来大了一些就是买漫画书,《七龙珠》,一共有四十二本。当时我天天省吃俭用,有了钱第一时间就是拉着奶奶陪我去书店,很快我就集齐了一套书。一个月之后我发现少了两本书,为此我还跟我奶奶发了一顿无名火,她一个劲儿地哄我,我只知道生气,等到晚上的时候我发现那两本书在我的枕头下面。

印象里那是我第一次觉得,自己又可怕、又无知、又任性。

上了初中,我爸换工作,我们一家也顺理成章地搬到了市区,奶奶也跟着我们搬到了市里。到了市里之后,去书店就不用乘那么久的公交车了,但又舍不得打的,尽管那时的车起步价只是7块钱。走路去新华书店需要一个小时不到,我就自己走去书店。

书店已经翻新过了,有了三层,书也比以前多得多了。底楼的旁边还开着一家很小的冰激凌店,每次买完书觉得累了就窝在冰激凌店坐着,直到店员催着我要买东西我才走。书店的二楼新开了音像作品的专柜,那时候我买了很多卡带,周杰伦的《八度空间》,王菲的《将爱》,五月天的《为爱而生》,那时候我妈还以为我是在听英语单词,其实哪有,复读机里装的都是这些音乐。

初一的时候还经常拉着奶奶陪我去书店,衣服也是她们买回来给我我就穿。再大了一些,初三的时候,我就开始自己买衣服了,那个时候特别叛逆,觉得爸妈选的衣服都不好看,偏要自己选。

奶奶有时也会问我，要不要去书店，我都是甩甩手说不用了，我自己去。

到了高中，我又搬了一次家，这次的家搬到了市中心的位置。市里不再只有那一家新华书店了，但我还是偏爱一直去的那家。现在的书店有了4层楼，每层楼的面积也更大了，只是我不去买那些"课外书"了，每次去书店都是买老师指定的辅导书。

再后来，我就不去书店了。

重新开始去书店，是在出国两年后回国。那时候是最浮躁的时候，做什么事情都觉得无聊。实在无聊的自己跟朋友逛书店买了几本书，谁曾想就这么看起来，一发不可收拾。然而尽管家里的书越来越多，奶奶再陪我去书店的次数却一直停留在零次。

奶奶和我妈隔几个周末就会去逛街，我妈总是半开玩笑地说陪她逛街，帮她挑衣服，可是我总是说没时间。其实我也不在忙什么，不过是上网聊天或者跟朋友出去玩。

直到有一天我妈用半开玩笑的语气跟我说："你又要出国了，以后不知道什么时候才能再一起逛街了。"

我才发现其实我很自私。小时候想去书店了就缠着奶奶，也不管她的身体到底好不好。那时候的夏天很热，等公交车的地方

> 一个人会觉得过不去，是因为他只想到自己，想想身后的父母和朋友，就会觉得没有什么过不去的。

只有一个站牌，根本没有地方躲太阳。奶奶帮我挡太阳，直到有一天我发现，曾经高大的背影已经只能够到我的肩膀了。

四年级的时候，妈妈还在乡下工作，很少有机会去市里。记得有一次我在看《四驱兄弟》，我妈刚回家，我指着电视里的四驱车对我妈说我要这个模型。我妈笑着说最近很忙没有时间，以后有空了就带我去买，我当时朝我妈发了一顿火，说了很多话，然后摔门进了自己房间。两个星期之后，一直没时间去市里的妈妈，给我带回来了这个模型，可我当时居然嫌弃说这不是我要的那一款。

如果有时光机，我一定穿越回去抽自己一巴掌。

我重新看起书来这习惯，倒是让我爸很开心，他常说看书是开阔眼界的好办法，你没有办法经历一百种生活，但是你能看一百本书。我很任性地说要出国的时候，他也全力支持，我当时没有想过出国的生活会是这么枯燥而又辛苦，只是我爸说我做的决定，他就一定支持。

后来就到现在了，我家里的书已经堆满了书柜，我妈每次整理都很费劲。奶奶每次看我出门也不问我去哪里了，自从高中以后她再也没问过要不要陪我去书店。她的身体已经不像我小时候那么的好了，现在看起来比以前苍老多了，可是她还是一如往常地照顾我，担心我，就像我从没长大一样。

回国后我执意要给家里做顿饭，出国多年的我也算是得心应手，可我奶奶总是不放心，她在我不知道的时候把菜都偷偷切好了，我当时到厨房间看到她的背影真的只想哭。出国的时候，我奶奶老是说不用担心家里，让我安心，然后转过头去偷偷地抹眼泪。我总是笑着说，没事的，又不是不回来。

老人是最寂寞的，我听说我们永远不应该和老人小孩生气，因为一个人生才刚刚开始，什么都不懂；一个人生接近尾声，应该尽量快乐。

去年的时候，妈妈突然动了手术，全家人都不让我知道，我也很忙没有跟家里联系。直到有天我爸说我妈想我了，我才问起怎么了，这才知道我妈现在躺在床上刚动完手术，虽然事后得知是很一般的小手术，但是当时我一个哆嗦，手机差点没掉地上。

我这才知道，爸妈都已经青春不在了，他们曾经也有梦想，也曾风华正茂，只是现在他们的梦想变成了我，他们把自己的下半生都倾注在我的身上。他们从来就不欠我什么，是我欠他们的，可是我还在一味地索取。爸妈都渐渐老去了，而我根本无法

你的父母正在为你打拼，
这就是你今天需要坚强的理由。

想象有一天全世界最爱我的人离开是什么情景。我根本无法想象，我也根本不敢去想象，我只希望那天永远不会出现。

写第一本书的时候其实一直瞒着爸妈，主要是怕我爸说我不务正业。后来出书后，虽然我爸还是常常数落我不务正业，可是他却是第一个把我书看完的人。现在我站在我爸身边已经比他高出很多了，他总是不服输地说我没比他高多少，不知道为什么每次他这么说的时候我都很心疼。

我妈每次跟我视频都会问我，钱够不够用什么的，我每次都说够了，可她下次还是会问。其实我妈赚钱挺辛苦的，每次回国都能听到她电话里业务忙来忙去。其实我知道她就是担心我过得不好，所以我从未在她面前示弱过一次。虽然我常常跟我妈闹别扭，可是在我心里，她就是全世界最漂亮的女人，没有之一。

为了看到远方我的样子，他们愿意在电脑前等几个小时。成长的时候，千万不能忘了身后的家人。

记得以前看过一篇日志，里面写："为何人要背负感情。人活在世上已经很不容易，为何却要懂得'情'字，为何要为所爱所念之人心疼。亲情、爱情、友情，哪一样不是沉甸甸地压在我们心头最脆弱的那一尖上。为何人会有贫穷、寒冷、疾病，会有不顺心、会有委屈、会有泪水;为何人会有分别、不舍、担忧。而每当人去遭受这些的时候,爱着自己的人也一样遭受着这些。"

人为何要背负感情?因为我们只有经历了这些,才能更好地安慰他人。一个人会觉得过不去,是因为他只想到自己,想想身后的父母和朋友,就会觉得没有什么过不去的。

你的父母正在为你打拼,这就是你今天需要坚强的理由。

我们为什么越长大越胆小

文·沐沐

吃饭的时候，小A说起女士出门的安全小技巧。一个小妹妹不以为然，随口说："哪有那么多需要注意的，不能不出门啊。"

小妹妹正是天不怕地不怕的年纪，我们的"注意安全"在她看来不过是畏手畏脚。

小A说："多注意一点没有错。有些事，我们不能去冒险，因为输不起。"然后讲了她身边发生的事情。

十年前，她的邻居是一个幸福的三口之家。一天傍晚，邻居家十三岁的小女孩下楼去院子里找同学玩，跟妈妈约定一个小时之后回家，但是小女孩再没有回来。一年之后她的爸爸妈妈也在争吵和悲伤中离婚了，一个好好的家庭散了。

三年前，她一个同学的同学在某单位实习，六点下班和平常一样走路回家，在路上离奇失踪，至今没有任何消息，爸妈瞬间满头白发。

我们在网络上看到过类似的悲剧,有时候觉得离我们好像很遥远,自己也没有太多的防范意识。但像小A所说,有些事我们不能去冒险,因为输不起。随着年龄的增长,我们经历的越多,也不可避免地越来越胆小;害怕的事情越来越多,也越来越谨慎。

小时候,我们怕黑,怕虫子,怕老师训斥,怕生病,怕回家爸爸妈妈不在家,但是在生活中似乎没有害怕过坏人和危险。最胆大的时候应该是在二十岁左右,毫无准备地去陌生的地方,也不怕晚上出门,跌跌撞撞做各种事情。那时候好像什么都不怕,脑子里甚至没有危险的概念。

然而胆量并不是一直在增大,它像一条抛物线,很快开始下滑。现在,我们反而不如几年前胆大,害怕的越来越多,做事情也开始畏头畏尾,更加谨慎和敏感。

记得刚上大学的时候,妈妈交代我晚上八点以后不要一个人出去,如果出去的话,一定要保证安全,要有男生同伴。那时候我哪里听得进去这些话,晚上出去总是不会过多考虑安全问题,也会自己一个人回来或者跟几个女生朋友一起玩到很晚,毫无防

> 长大后，我们变得越来越胆小，并不是懦弱，是越来越懂得责任。

备地在路上说说笑笑走回学校。我还经常一个人旅行，一个人住青旅，一个人搭车，防备心理很弱，没有多少安全意识，很多事情想起来后怕。

在大学刚毕业那年，跟同学聚会之后十点半回去。同学把我送上出租车，然而那是一辆伪装成出租车的黑车。司机一直问隐私问题，还总是要拐弯偏离路线。我观察到计价器不会动、副驾驶座上没有贴工作执照后紧张起来，在车上也不敢声张。借助手机导航，死死地盯着路，装作若无其事地跟他聊天。一路捏着一把汗，悄悄联系一个男生朋友，冒充家里人在半路上接到我，悬着的心才落下来。

大大咧咧的我，第一次感到害怕。突然意识到很多不好的事情并不是不会发生，之前碰巧没有发生在我身上，是我运气好。但是在生活中，没有谁会一直幸运。

那天回到家后我瘫坐在沙发上给妈妈打电话，说一些吃饱饭、穿暖衣、睡好觉之类的话，才安下心来。

长大后，我们变得越来越胆小，并不是懦弱，是越来越懂得责任。当我们发现危险和死亡不仅仅是自己的事，也会给亲人带来巨大伤痛的时候，我们就会变得胆小、谨慎。而这，绝对不是懦弱，而是一种成熟。

我到外地上学，可能是水土不服，瘦了十几斤。放假回家妈妈看到我心疼到抹眼泪，一个月的寒假硬是把我养胖了。

大三时，有天晚上爸爸给我打电话，说他刚才接到一个陌生电话，对方声称是我朋友，说我出事了需要医药费。我对爸爸说这明显是骗局，你直接挂了就好。妈妈在旁边说："你爸呀，听到你出事了就紧张起来，还让她照顾好你呢，你没事就好。"我隐约听到爸爸对妈妈说："你不是也紧张到把花瓶都打碎了……"

2008年地震暂时失联后，晚上打通电话，爸爸妈妈听到我声音时非常激动和感慨；小时候一次不小心摔破头流血很多，妈妈一直守着我泪流满面；我失恋后精神低迷时，全家人一起想办法帮我转移注意力……

回想很多事情，当时觉得爸爸妈妈大惊小怪，但是现在却理解了这种担心和敏感。在他们心里，我就是全部，太在乎，自然会紧张。

其实自从离开家之后，爸爸妈妈总是对我有太多的不放心：叮嘱我晚上要十一点之前回家；出去玩要每天汇报行程；疲惫的时候嘱咐我多休息……我在哪里，他们就关注哪里的天气预报；

> 胆小的背后，是慢慢懂得的责任；谨慎的背后，是渐渐学会的成熟。

我在哪里，他们就留意哪里的新闻。

以前不理解爸妈的做法，甚至认为很多关心是多余的。但长大之后，当我开始同样地紧张他们，才确切体会那种发自本能的关注和在乎。

一次打家里电话无应答，打爸爸妈妈手机也都没有人接听，突然开始坐立不安，给表哥打电话，开口就问家里出什么事了，怎么找不到他们，实际上只是他们跟朋友聚会的地方没有信号。一天晚上梦到妈妈在医院里，醒来怎么都睡不着了，等天亮立刻拨打妈妈的电话，确认没事才安心睡下。

虽然在爸妈眼里，我永远是一个孩子，但是我清楚地意识到，爸爸妈妈老了。并且这种意识越来越深刻，想要像小时候他们照顾我们一样去照顾他们，也不知不觉中像他们紧张我们一样紧张他们。

我也开始嘱咐他们天凉了晚上睡觉关好窗户，叮嘱他们多出去活动，要求爸爸少吃盐、妈妈少吃肉。逛街看到保健品想买给他们，也惦记着他们的生日和一些纪念日。当然，也知道报喜不报忧，告诉他们我很好，不用为我操心。

与此同时，我开始注意晚上不独自出门，在公共场所观察周围的环境，开始习惯吃早餐，注意锻炼身体。以前妈妈苦口婆心说的话，现在全都被我实践在行动中。我害怕我身体不好他们着急，怕我精神不好他们担心，怕我过得不幸福他们比我还难过。

知乎上有一个问题，"独生子女是怎样一种感受？"一个回答结束了话题，"不敢死，不敢穷，不敢远嫁，因为爸妈只有你。"

"因为爸妈只有你"，这也是我们越长大越胆小的原因。随着年龄的增长，我们变得越来越胆小，我们怕死、怕穷、怕远嫁，怕其他之前不怕的事情。

我甚至开始怕身体不好，不能陪他们一起走完许多路。因为我不是一个人，如果我有什么不好，会有人比我更难过。我的胆小，是懂得了责任。那些不负责任的勇敢，跟十八岁一样，渐行渐远。

越长大越胆小，这绝不是懦弱。胆小的背后，是慢慢懂得的责任；谨慎的背后，是渐渐学会的成熟。

那不说一句的爱
有多好

文·钱饭饭

我知道,成年以后的你总是很勇敢、很坚强。月薪三千住潮湿的地下室,你一边洗澡一边硬气地歌唱;淋着大雨却迎面撞上男友搂着别人,你愣在原地沉默尴尬;使劲地攒钱啊攒钱,却始终赶不上房价的增速,你拖着行李从一线城市辗转到二线、三线,抬起头看不到未来的天空……

这些,你都没哭,因为你知道哭没有用。可是,到了月底你打个电话回家,低沉隐忍的声音还是没能瞒过母亲,她把电话递给你那当家的爸爸。

他沉默半晌,来一句:"没关系,爸爸养你。"

一瞬间,你再也绷不住,泪如雨下。

那是你在外头品尝了酸甜苦辣后,第一次如此清晰地感受到父亲的不善言谈意味着比母亲更深沉的爱。

记忆中的父亲仿佛永远不讨喜。他不知道你爱吃什么、爱穿什么,却总是频繁地过问你的成绩;他在你和同学朋友争吵打架时,从不会替你出面,反而会把你罚站在角落,逼你一遍遍地承诺:我再也不打架了。

你除了有些怕他,甚至有些记恨他。你虽然看到了,那个被你定义为冷酷的男人满眼的不解和满心的忧伤,但你并不觉得有错。因为你觉得他不爱你,你听不到他对你说爱。

成长是一件特别快速的事情,你来不及思考,便已十八。

读大学之前,父亲为你摆一桌升学宴庆祝,你头一次见父亲那样高兴,他十几年的喜悦都在那一天释放了。

酒过半巡,他揽过你,说:"娃啊,出门在外别亏待自己,有事和你妈说。"

他没说"有事和爸说",而是说"和妈说"。你了解他,他真是矫情不来的,他把做好人的机会全给了妈妈。

每周,你往家打个电话,如果是妈妈接,你会絮絮叨叨地说很久,关于校园、关于思念、关于生活琐事。

如果是爸爸接,你一准儿只有一句话:"爸,我妈呢?"

后来你发现每次往家打电话,接电话的总是爸爸,你开始有些不满:"怎么老是你?我妈怎么不接电话?"爸爸低沉地"哦"了一声,把话筒传给妈妈,你在又絮叨了十分钟之后放下电话,心里突然有根弦响了,你知道了:每次都是爸爸接电话,并不是碰巧,应该是爸爸早就等候在电话旁边,就为和你来一段开场白。因为如果是妈妈接了电话,那他和你基本又是一周说不上一句话了。

你开始懂得爸爸,懂得这个剽悍的男人形象里的柔软内心。儿时粗犷的父亲,不知道什么时候开始变得细腻和敏感了。大概,就是从你离家读书的那一天起吧。

你毕业了,你想去大城市发展,打电话问父母意见,妈妈帮你分析来分析去,最后说:"哎呀,我也不知道了。"

爸爸却斩钉截铁:"去吧,顺着自己的心意就好。"你知道他其实省略了后半句,"有我给你做坚强后盾呢。"

刚冲出象牙塔的你意气风发的样子英勇至极,他又怎么能不支持,龇牙咧嘴地在远方为你摇旗助威。

每次回家,妈妈为你备好短袖短裤、棉袄棉裤,陪你唠一年的嗑儿。爸爸却骑着单车去赶集卖货,你觉得爸爸太俗,太看重钱，你一共在家几天呀，他还像以前那样不知道在家陪陪你。

可是他驮着你去车站，你听到了他因力气不够而累得气喘吁吁，你开始心疼他。

你一年回家两次，爸爸递给你的钱也攒两次。你拿在手里沉甸甸的。

有一天，刚换了新工作的你被压了两个月工资，连最便宜的房租都快交不起了。可是那天，你收到了来自家乡的快递，是一支你中意好久的口红。

听妈妈说，邻居出国的女儿回家探望父母，来家里聊天时随口提起这个牌子，爸爸就催妈妈去买了。

他知道你喜欢，也知道你钱不够，你舍不得。

他的钱够，并且给你买，他舍得。

对的，他有钱，吃糠咽菜从牙缝里省下来的钱，给你买一支昂贵的口红，眼都不带眨的。

后来，你硬着头皮问爸爸要两千块，爸爸连夜托表弟给你转了五千。你打电话回去想表示感谢，却不好意思开口，而他也只字未提，就像没给你打过钱一样。

他是你爸，太懂你的自尊。

人生前路凶险，爱情悱恻，前途未卜，但这都不是你哭泣的理由。

于是，你比从前更加努力、勤快和拼命，成绩和希望一点点地多了起来，你满心欢喜地接收着时间带给你的硕果。你也比以前更清楚：这些年，你在他乡感慨时光飞逝，他却在家乡细数春夏秋冬。

你谈恋爱了。听说，爸爸也加薪了，可以加倍资助你的恋爱基金了。

你不知道的是，他的所谓加薪只是多谋了一份工，多出了一份力而已。

数次，你被男友的无情冷漠或是不成熟伤害。夜晚，你抱着冰冷的枕头，泪水默默地流出来，你好孤单也好难过。那时候，你总会格外想念父亲。你开始渐渐懂得，男朋友口口声声说爱你，却随便一件小事儿都不肯包容迁就你。

只有父亲，从来不说爱你，目光却从来没离开过你。

终于，男朋友提出分手，他走了，你觉得天都塌了。你哭肿着眼去上班，心神不宁地，出了好多错。你在朋友圈发一些晦涩难懂的字眼："谁不曾失个恋、失个业？谁不曾遭遇过歧视和不公？"

第二天，你洗把脸出门，想买个方便面来泡，下楼就看到了推着自行车站在门口的父亲。他二话不说,上楼给你收拾几件行李,说:"你妈做了你最爱吃的红烧肉,回家吃吧。"

他跨上单车,你推着后座跑两步,"嗖"的一下轻快地跳上去,像小时候一样扶紧爸爸的腰。

爸爸租来这辆自行车,载着你从住的地方赶往火车站。

这一路上,你路过公司大门,来来往往都是熟悉的陌生人。你也看到了前男友的车,副驾驶已经坐上了新的主人。你把头靠向父亲的背,泪水悄无声息地滑落下来,打湿他的衬衣一片。

他一定是知道的,但他却什么都没有问,也什么都没有说。而你知道,他是想告诉你,没人骑车载你,还有他,他还没老,可以带你看风景。

你也一定是知道的,人生前路凶险,爱情悱恻,前途未卜,但这都不是你哭泣的理由。

你不怕呀,你知道身后一直有一个沉默的男人,他视你为瑰宝,爱你如生命。那一刻,你心安极了。

回到家,母亲端上透亮筋道的红烧肉,你一边吃一边和妈妈聊天。半小时之后,你突然来一句:"妈,我爸呢?"

话一出口,你自己也感到意外,以前张口都是找妈,现在竟然也知道找爸了。

本来在另一间屋里抽烟的老男人,激动地起身,右手猛地在脸上抹了一把,赶紧出门去了。临关门说了一句:"我去市场看看,再买点你爱吃的。"那声音里分明有颤抖有难过,还有心疼。

而你心里,已经分不清是什么滋味。

哭了。

又笑了。

你和妈妈说:"妈,您和我爸别担心,我会好好的。"

那一刻,你终于明白,父亲那不说一句的爱有多好,多好……

那些废话里，
藏着你最大的幸福

文·苏心

1

我正在办公室和小伙伴们说工作，小张的手机响，他看了一眼号码，眉头微皱按了拒接。过了几分钟，他的手机又响起，小张继续拒接。

我以为他怕打断我们说工作，就告诉他再有电话可以接听。小张不好意思地笑笑："姐，不用接，是我老妈，她常常给我打电话，也没什么事，无非是些唠唠叨叨的废话。"

我没有说话，眼睛望向窗外的天空，不敢回头——我怕他们看到我眼里的羡慕、嫉妒以及忍着的眼泪。

曾经，我也和小张一样厌烦过妈妈的唠叨。

婚前，妈妈唠叨的内容主要是"多穿点啊，多吃点啊，别减肥,你又不胖"什么的,听得我耳朵里长满了茧。她说这些话时,我或者应付一句"知道了",或者嘟囔一句"话真多"。

婚后,妈妈唠叨的更多是我怎样和婆家人相处,要包容,要忍耐,凡事不要太斤斤计较。

2

那年,我们一家三口在父母家吃饭。妈妈蒸了小笼包和豆沙包,松软可口,老公一连吃了几个。他不经意地说:"我妈也爱吃豆沙包,就是嫌麻烦不愿做,我有时给她买几个送去,她总说不如自己做的好吃。"

妈妈听了,赶紧去拿了一个袋子,装了几个豆沙包,又放上几个小笼包递给我:"你们吃饱了趁热给亲家母送去尝尝,凉了就不好吃了。"

妈妈一直这样把自己低到尘埃里,讨好我的婆婆。那时候,我总嫌她唠叨多事,满心不耐烦。

妈妈去世后,我才懂得,那些示好里,藏着对我最深的爱——只为让婆婆能善待她心爱的女儿。

如今，我多么希望再能听到妈妈说的"废话"，可再也没有机会了。

3

去年有一段时间，老公应酬挺频繁。有时很晚他还没回来，我就打电话催他，让他喝了酒别开车。电话次数多了，老公接电话的语气里明显有了不耐烦。

直到有一天晚上，他和几个高中同学聚餐回来，借着酒劲和我嚷起来："吃个饭接你好几个电话，同学们都笑话我，人家的老婆都不催，就你废话多！"我气得差点背过气去："我是怕你喝酒开车不安全，真不知好歹！"

接下来的几天我俩陷入冷战，就连他去接我下班都一句话也没有。到点他就等在我单位门口，我下班出来开门上车，一路无语。

那天，老公又去接我下班，我一上车他就笑嘻嘻让我看后座上的箱子，说我爱吃水果，他刚给我买了一箱。我冷冷地讽刺："这太阳是从西边出来的吧？"老公一脸赧色："今天我和张明聊

> 最好的感情就是可以在一起说很多很多的废话,没有什么主题和要素,却说多久都感觉不够。

天,说起咱俩吵架的事,我以为他会向着我说你事多,没想到他竟然说真羡慕我,有人惦记着是多么幸福的事。他无论回去多晚,喝多少酒老婆都从来不过问,夫妻俩形同陌路。"

张明是老公高中时的同学,我和他见过几次,几乎没见过他笑,原以为他就是那样的人,其实是婚姻不幸福的缘故。

记得有一期《艺术人生》的访谈,主持人朱军问那时还是单身的演员王志文40岁了怎么还不结婚。王志文说,没遇到合适的。朱军问:"你到底想找个什么样的女孩?"王志文想了想,很认真地说:"就想找个能随时随地聊天的。"

"这还不容易?"朱军笑。

"不容易。"王志文说,"比如你半夜里想到什么了,你叫她,她就会说'几点了?多困啊,明天再说吧。'你立刻就没有兴趣了。有些话,有些时候,对有些人,你想一想,就不想说了。找到一个你想跟她说、能跟她说的人,不容易。"

是的,找一个能随时随地聊天的人,真不是一件容易事。你是不是也有过这样的时刻:心里憋屈想找个人倾诉一下,翻了半天手机通讯录,面对着几百个名字,却找不到一个可以拨出去的号码。然后,轻叹一声,点上一支烟,独自发呆?

4

一辈子的岁月那么长,总要找一个可以与之随时唠叨的人,不然生活是不是太过苦闷?这世上有一个人分明与你有着最亲密的关系,却不愿和你多废一句话,这该是一种怎样的悲凉!

在上司面前你毕恭毕敬,不敢多说一句废话;在办公室你小心翼翼,生怕说错一句话。只有在那个愿意和你废话的人面前,才可以卸下所有的伪装,发发牢骚,说说抱怨,不必措辞,不必逞强。

其实,最好的感情就是可以在一起说很多很多的废话,没有什么主题和要素,却说多久都感觉不够。

珍惜那个愿意对你说废话的老人吧,他的废话里,藏着你最大的幸福。有空多陪他聊聊天,子欲孝而亲还在,绝对是命运对你我的恩赐。

珍惜那个一直愿意陪你说废话的他吧,他的废话里,藏着对你最深的爱,他才是最爱你的人。

他们,都是你此生最应该疼爱的人。

只有一种好吃的，
全世界你都买不到

文·王大纯

因为不会做饭，我总是被公司的程序员小哥嘲笑。他说他替我以后的老公感到难过，或者我甚至会因为不会做饭而嫁不出去。

和我们合租的一个小姑娘，每天晚上九十点的时候开始炒菜，第二天带到公司去。她说真是吃够了外卖，自己做的健康。我和甜妞也觉得，这样好棒，自己做饭的话，我们的胃就能逃掉外卖的摧残了。

但是我们发现，因为不会做饭，当时连炒锅都没有买，甚至连切菜用的案板也没有，周六周日也只是简简单单煮个面。

我才不相信只有我不会做，肯定很多人都不会做饭。这只能怪一个人，都怪这个世界上最勤劳的大厨——妈妈。

从高中开始住校，连着大学，一下子吃了七年的食堂。好不容易放假回趟家,这个大厨总是要问无数遍,中午你想吃什么,晚上你想吃什么,然后张张罗罗那么久,只换来我随便吃两口就说饱了。

我妈也说我,这么大年纪了,只会西红柿炒鸡蛋怎么办?但是,每次我踏进厨房,我妈又说,赶快出去,不要碍事,能不能回去继续玩你的手机?

那个时候还没总是吃外卖,不知道妈妈做的饭吃到胃里的那种安心和舒服。还总想着,要不要全家一起下个馆子改善改善。那个时候我的胃和当时的我一样,充满了年轻的叛逆;没有预见到,多年后,能吃一顿妈妈做的饭,才是改善;也不知道,现在最大的纠结,是中午点哪家的外卖。

我的老板姐姐是北京人,每回她妈妈打电话问她回家吃什么,她都一口不耐烦地说随便都可以,匆匆挂掉电话。我和程序员小哥总是羡慕又嫉妒地朝她翻白眼,怎么这么不知足。有妈妈守着的孩子,都不知道离家的孩子有多想爸爸妈妈做的饭。没在爸爸妈妈身边,冬至忘了吃饺子,腊八没喝腊八粥,小年夜也不知道吃什么。

每次我从家回北京来,我妈总想让我把家里能拿走的都拿

> 只有一种好吃的,是错过了就再也找不到的,那就是妈妈做的饭。

走,恨不得家里的米都让我扛上。甜妞爸爸总是往她包里塞超多特产面,又炒了够她吃一个月的肉让她带走。还有一个朋友,他说他妈妈做的饭真的不是那么好吃,不是做咸了就是炒煳了,但是每次离家,他还是很想把能带的都带走。他说,好吃的那么多,但是只有妈妈做的饭有家的味道。

之前看韩国综艺节目《无限挑战》,有一期是刘在石他们做海外派送特辑。有一个89岁的妈妈,她的儿子在非洲加蓬工作,三十年没有回家。妈妈那么老了,不能坐飞机去看儿子,所以主持人郑俊河为她儿子送去了她亲手做的菜。

一个60多岁的老人,三十年没有吃过妈妈做的饭了,只吃了几口,他就说想起了母亲。后来知道这是妈妈亲手做的,还是忍不住红了眼眶。妈妈的味道,印象有多深刻!三十年都抹不掉!

就算我们吃遍了全世界的山珍海味,尝到妈妈做的菜,味蕾还是会一下子打开,随之而来的,是汹涌澎湃的记忆。

今天小年,过年的氛围已经越来越浓。再过几天就可以回家了,我们又可以吃到妈妈做的饭了。但是,我再也不想说什么随便了,我要把妈妈的拿手菜吃个遍,只要是妈妈做的,一个拍黄瓜都会觉得美味。

　　我们这辈子会吃到很多很多好吃的，会买到很多很多让我们一口就惊艳的食物。我们可以花钱买来各种美味的餐，去各种有名的餐馆。但是只有一种好吃的，是错过了就再也找不到的，那就是妈妈做的饭。

意气风发的你，
是回家最好的礼物

文 · 萧萧依凡

近日，我看到某电视台在火车站做的一档节目，采访归乡的游子们过年回家都给家人带了什么礼物。

被采访的人都喜笑颜开地打开自己的行囊，向记者一一展示自己的礼物。这里面有土特产，有给孩子的芭比娃娃，有给老人的保健品等等。其实，在日益发达的今天，除了个别极具地方特色、尚未进入各大超市和商场的土特产之外，大部分的商品在家门口都买得到，甚至可能连价格都毫无二致。

但是，人们依然偏爱做市场的搬运工，不辞辛劳、不远万里地带着自己精心挑选的礼物回家乡。这是因为，这些礼物多了些风尘仆仆的气息，被倾注了更多的爱与问候。而家门口那些一模一样的商品则似乎显得缺乏诚意，毫无情感。

节目中，每个人脸上都洋溢着归心似箭的喜悦和期待。因为春节的到来，每个人都变得崭新而闪闪发光，甚至连眼角的皱纹和鬓角的白发都散发着勃勃生机。我想，我们的意气风发，应该是回家最好的礼物，其他的都是锦上添花。

这几天，随着春节的脚步越来越近，办公室里也散发着浓浓的喜庆气息。忙里偷闲的间隙，我们总是忍不住讨论与春节相关的各种话题。其间，一个同事讲了自己与春节的往事，让我感触良多。

四年前，他辛苦工作一年，却实在没挣到什么钱，情绪很低落。春节的时候，他两手空空地回到了家。不仅如此，他头发凌乱，穿着很旧的棉服，也不曾察觉到脚上的皮鞋已经破了，而行囊中并没有礼物和孝敬长辈的红包，也没有过年的新衣装。父母看到他，开心得像个孩子，攒了一年的话都到嘴边了，可是看到他疲惫的神色，什么也没说，让他好好睡了个安稳觉。

第二天他醒来，褪去了旅途中一身的疲惫之后，父亲来到他的房间，开口问他，是不是在外面太辛苦。他低着头，一句话也不说。最后，他的父亲叹了口气，心疼地说，一年到头，每次晚上打电话给他，他都是在加班，如果在外面打拼太辛苦，觉得撑不下去了，就回家来，家永远是他疲惫时停靠的港湾。

父亲走出房间后，已经二十好几的他哭得像个小孩。他说，他父亲没读过什么书，他不知道"港湾"这个词是怎么种进父亲心里的，父亲肯定是怕伤了他的自尊，反复掂量了措辞。

这几年，工作渐渐有了起色，每年春节回家时，他手里都有足够的钱给家人买礼物，给长辈包大红包。可是，每次回家前，他还是很谨慎地从头到脚检查自己好几遍：头发有没有乱，胡子有没有刮干净，衣着是不是得体，皮鞋是不是锃亮。不是虚荣，不为所谓的面子，而是他着实怕在父母面前露出了疲惫的神色，惹他们担心。

他说，别人关心你飞得高不高，只有家人才关心你飞得累不累。他们似乎天生一副火眼金睛，能够从你的衣着和举动中捕捉到蛛丝马迹，自动生成你在外奔波一年的轨迹。他们不关心你给的红包厚不厚，只想知道你过得开不开心。

这大概是我听过的对"荣归故里"最感人最深刻的诠释。

越是回家，越是在家人面前，我们越是应该体体面面、朝气蓬勃。这无关虚荣，也不必刻意攀比，这是一种精神面貌，是一种激励和自我暗示。于己，是对自己过去一年的梳理、对新一年的鼓励，这是一种生活态度；于家人，这是一种回应，告诉他们,我们这一年过得很好,我们已经逐步成长为一个有担当的人。

大多数在异乡漂泊、奋斗的人,一年到头只回家一次,就是在过年的时候。这一年里,我们的喜怒哀乐,都是通过电话传递。我们渐渐学会了报喜不报忧。挫折、伤心、难过,我们都开始习惯自己背。家人在欣慰的同时,内心也会惦记和嘀咕,是否真如电话中所述,一切安好顺利。

所以,好不容易盼到春节,可以一解思念之情,可以面对面交流了,他们总是密切关注我们的一举一动,我们的一蹙眉都可能牵动他们的担忧和惦念。我们笑,他们会开怀;我们黯然,他们会心疼。

家人想分享我们生活中的点滴,从我们的描述中,重新参与到我们生活中他们缺失的那部分。在外一年的漂泊,每个人难免会遇到这样那样的挫折。但是,一年回一次的家,不再是一个适合颓唐的地方,不适合无原则地诉苦,不适合把外面的不顺意一股脑儿地倾倒。长辈们已渐渐老去,而我们逐渐成长。

不是不可以讲挫折,不是不可以倾诉。家人围坐的时候,我们也不妨将过往的挫折轻描淡写地讲给他们听。让他们知道,每个人都会有不顺心的时候，但是这些挫折和困难，对他们心爱的我们来说，是不值一提的，因为我们早已长大。

虽然，我们不一定是一棵参天大树，也不一定是翱翔蓝天的雄鹰，但是我们早已羽翼丰满、内心坚毅，扛得住社会的击打。

我们讲起挫折时的云淡风轻，憧憬未来时的手舞足蹈，都会让他们放心，也是给他们最好的新年礼物。而在短暂的假期结束之后，他们目送我们时，眼中除了不舍，还会多几分踏实和欣慰。

对我们自己而言，过往的挫折和不顺心，都是时光给我们的礼物，无需耿耿于怀。经过家的拥抱和温暖，新的一年里，我们都应该重新整装待发，拿出更多的勇气和努力迎接未来。

那么，你回家的笑容准备好了吗？从头到脚，再检查一遍，是否意气风发？

可是，
我们没有办法拒绝长大

文 · 老妖

我最近又开始焦虑了。焦虑的原因很简单，因为快过年了，要回家了。而对于回家这件事，我充满了恐惧。是的，我一点都不想回家，虽然，我很想念我奶奶和我弟。

去年，我和弟弟回家陪奶奶过年，我突然发现，原来需要我去准备一桌子年夜饭。我在弟弟的帮助下，笨拙地做完了一桌子看起来很糟糕的菜，发了朋友圈，很骄傲地说，感觉自己长大了。但实际上，我一点也没有感觉骄傲，相反地，我很生气，很愤怒，很难过。

觉得，为什么，为什么需要我做年夜饭？为什么奶奶突然间就这么老了？为什么爸爸说不在就不在了？为什么过年的时候，妈妈也不在我们身边给我们做饭？我一点都不想成为那个大

> 没有人会永远在原地陪你。你自己也要相信，未来的自己会更好。

年三十晚上做饭的人；不想成为那个正月里必须出来招待客人的人；不想一边笨拙地做这些事，一边接受别人的质疑和揣测，手足无措地站在一旁，似乎自己永远都是他们眼中那个"什么都不会"的傻丫头。

真的，我觉得自己什么都做不好。而我唯一擅长的事情，就是逃避。这种逃避和拒绝，几乎快成了我无法克服的一种模式。遇见问题不去解决，拖着，拖到再也忽略不了的时候，才硬着头皮上，然后满脸崩溃地说自己搞不定。——我就这样变成了之前我最鄙视的那种人。

躺在床上的时候，因为这一切我倍感焦虑而一夜夜睡不着的时候，我突然发现：我生命中所有的痛苦与纠结，都来自我拒绝去做一个靠谱懂事的成年人，固执地以为自己可以不必长大。可是，明明就再也没有机会了。我总以为自己还很小，可是不知不觉间，却已经被生活推到了必须独立去决定自己人生所有重大命题的时候。

然而，26岁的我却依然在用近乎可怕的方式，去拒绝做一个成年人。任性、不靠谱、情绪化、说话不经大脑、缺乏耐心和足够久的支持力、得过且过、不懂礼貌、神经质……简直，令人讨厌。我总以为别人会原谅我、纵容我,可是,难道这是真的吗?也许有一天,我会把周围所有人对我的耐心给透支完。

但成年人的生活里,从来都没有容易二字。

无论现实多么残忍和令人尴尬,我也必须接受"就是这样了"的现实。没有人依靠了,所以必须要让自己更强大一点,足够成为自己的依靠。没有后路了,所以要拼了命不停地往前跑,跑到更远、更安全,能够让自己栖息的地方。没有人可以给我提供力量和支持了,那就练习着去感受身边人的关怀,付出自己那份对他们的支持。甚至,哪怕是回家这件事,也没有什么好恐惧的吧。所有的所有,我大概都是可以搞定的吧。

虽然大部分的可能是,我还会很笨拙,没办法做到让所有人都满意。但是,还是可以试试的吧。在逃避了那么久之后,也许,我可以鼓起勇气,开始学着不再拒绝长大。

我的朋友小柒,某天给我发了一条微信:"没有人会永远在原地陪你。你自己也要相信,未来的自己会更好。"

我想,我终于可以坦然地去接受,那些我失去的爱,我从未得到过的爱,以及我期待着却未曾满足过的爱。但是,未来仍然有其他值得我期待的爱,不是吗?Anyway,我相信自己会越来越好。真的。

"你要做一个不动声色的大人了。不准情绪化,不准偷偷想念,不准回头看。去过自己另外的生活。你要听话,不是所有的鱼都会生活在同一片海里。"

"嗯,我知道。"

有时候，
让我们成长的并不是年岁

文·心远

闺密橙橙最近在群里很少吭声，因为她爸爸病重。连续两个月，她每天都在公司跟医院之间奔波。有一天她说，她爸爸是我们几个闺密的爸爸当中年纪最长的，所以她也最先跟照顾亲属这一关打了遭遇战。她最大的感触就是，先用医学知识把自己武装起来，才能把父母当成婴幼儿一样细心去看管和照料。

因为爸爸的一场病，橙橙从一个文艺女青年变成了一个半专业的护士。我从来不曾想到，大大咧咧的她，仿佛一夜之间竟变得心细如发。更重要的是，她让我思考，是什么在催促我们成长，除了年龄的增长？

二三十岁的我们，青涩和稚嫩正渐渐褪去。虽然还说不上成熟老练，但比起十七八岁的孩子，我们已经经历了一些岁月打磨；或许，还要每天挤地铁、睡在出租屋，但至少我们见过了生活的本来面目,并且开始直面它的挑战;或许,先进者已经小有所成,三十而立真就立了起来,成了单位的骨干,能够决定自己的职业发展方向。可是,是不是有一种成长,在梦想和职业的光环下,被我们忽略了呢?

中考那年,考完没几天,我妈就住院了。原来,妈妈已经检查出胆囊息肉多时,为了不影响我考试,硬是拖到中考结束才安排胆囊切除手术。后来,妈妈总是开玩笑说:"你不要给我整那么多幺蛾子出来,妈妈是个没有胆的人了。"

那时候,我的确年少懵懂,容易慌乱,也还不能完全体会妈妈对病情的拖延需要忍受多大的痛苦。但我想,你们一定也和我一样,在人生的每个重要关头,都有父母的爱庇护着,让我们始终能健康而优秀地成长。

大学毕业后,我回到家乡,在一家世界五百强企业工作,光鲜又体面。我知道,我已经成长为了父母的骄傲。我在父母的眼皮底下早出晚归,他们会不厌其烦每天一问是否回家吃饭,而我从来不会在晚饭时间一句"你们今天都做了啥"。

有一天,妈妈悄悄告诉我,其实这几天爸爸都在医院做检查,已经办理了住院手续,准备做一个小手术。顿时我就呆住了,爸爸生病了，我却不知道；爸爸要住院做手术了，我居然不知道！我做的也不是什么少了我一人公司就停止运转的工作，但父母总是认为最好不要影响我，生病了自己扛，默默地自己去看病。

这些已经是住院动手术的病，而平时他们咳嗽感冒，我做的也不过就是动动嘴皮子催促他们去看医生，印象中竟没有亲自陪伴他们去过一次医院。而我每一次咳嗽，喉咙略微有点沙哑，妈妈就紧张得不得了，依然像小时候一样带我去看医生，监督我吃药。每当那个时候，我都觉得自己依然没有长大，就跟十多年前中考那会儿一样。

默默地生病，不告诉子女自己的不适，甚至住院都不告诉孩子，这真的是父母可以做出的事情。可是，我们——会细心咀嚼老板的每一句话，会认真揣摩同事的每一个表情，会刻意留心客户的每一个手势，却常常忽略了一直默默为我们付出的父母，其实越来越需要我们。

前些天看到一条短信，言语很简单却很打动人："从小觉得最厉害的人就是妈妈，不怕黑，什么都知道，做好吃的饭，把生活打理得井井有条，哭着不知道怎么办时只好找她。可我们好像忘了这个被我们依靠的人也曾是个小姑娘，怕黑也掉眼泪，笨手

> 要想顺利通过成长这场考试,我们是如此需要补上爱这一课,我们必须学会爱父母,爱身边的人。

笨脚会被扎到手。最美的姑娘,是什么让你变得这么强大呢?是岁月,更是爱。"

爸爸曾经说过,不要等什么都准备好了才去做一件事情。深以为然!爸爸妈妈也曾经是愣头愣脑的小年轻,没有育儿的经验,是因为我,他们才成长为山、为海;他们并没有等自己修炼成山、成海,才迎接我的到来。

我不舒服了,找妈妈;想吃好吃的了,找妈妈;找不到东西了,找妈妈……妈妈是万能的,妈妈是最厉害的。

无论我走多远,妈妈总在我身后,在我需要的地方。可是有一天回过头来,却突然发现:万能的妈妈穿了室内的拖鞋出门,买完东西钱包放在柜台上忘记拿,对她自己说过的话矢口否认。我意识到,妈妈不是赖皮,不是粗线条,而是真的到了记忆力慢慢退化的年纪。这时候,我得把她慢慢丢失的记忆接过来,在她找不到医保卡的时候帮她找出来,在她忘记怎么操作"复杂"的智能手机时不厌其烦地告诉她路径,就像小时候她不厌其烦地教我怎么"三下五除二"拨算盘珠子一样。

然后,我也开始学一些老年人常见病的预防知识、急救常识,就如从我出生开始,爸爸妈妈就努力学习的那些婴儿常见问题解答 ABC 一样。

有个同事曾经讲过他母亲生病在家突然晕倒,他没做多想,抱起就往楼下冲。过后,他非常后怕地说:"太缺乏常识了,如果我妈是脑溢血,我用那样的处理方式,就害了我妈了!"

有时候我也在想,上知天文下晓地理又有什么用?当自己的父母有不适却做不出正确的第一处理决定,我得有多无知、多懊悔。

是的,我们如此渴望自己能够成长为一个有责任、有担当的人。可是,为什么我们都忽略了,要想顺利通过成长这场考试,我们是如此需要补上爱这一课,我们必须学会爱父母,爱身边的人。

我们应该都有过同样的经历吧,每次学习或者工作压力太大,爸爸妈妈总是会说,别太劳累,爱惜身体才是最重要的事。

可是,我们都太在意事业上的成功了,却忽视了像父母爱我们一样地爱自己,忽视了像父母唠叨我们一样地叮嘱他们,忽视了父母正在变老,忽视了人生真正的成功是能给家人最好的陪伴和守护。

当有一天,我们终于学会了爱和付出,那才能算是真正完全的成长吧。

不让爱你的人失望，
人生才有希望

文 · 吴瑟斯

如果有人问我，这辈子写过最满意的一篇文章是哪篇，我一般会说：下一篇。但其实不是，我自己最满意的一篇文章，早就已经完成了。它是小学三年级时候的一篇作文。说来好笑，因为这篇最满意的文章，现在我居然连题目都记不清了。

那是在我班主任的课上，昏昏欲睡的夏季午后第一节课。她是我的第一个语文老师，姓许。历数我这辈子拿得出手的事儿，其中就有讨所有语文老师喜欢这么一项。尽管在其他学科，尤其是理科老师那里受尽了白眼，但每次都是语文老师拯救了我。"我昨天在晚报上又看到他的文章了，真不错。""其实是有天赋的，就是懒。""写东西写得好的小孩不会坏。"是这些催人泪下的评价，让我爸没有在每次家长会后彻底掐死我。

而我最精神的时候，自然是在许老师的作文评价课上。因为我的每一篇作文都会被拿来当范文。这些被读出的每一个字，都让我长久地沉浸在被周围女同学膜拜的白日梦里。那是一周里最骄傲的一堂课，也是我最傲娇的时刻。

而那天的作文课是个意外。老师布置的作文本该中午完成，而中午和同桌拍画片儿拍肿了手的我，准备用下午第一节数学课写完作文。忽然得知第一节被临时调换成作文课，然后我就傻了。怕什么来什么，我听到许老师叫我的名字朗诵作文的时候，整个人都炸了。

人的记忆就是储存场景的，我对小学生活有印象的场景现在屈指可数，但是那个瞬间清晰无比。一切都成了升格镜头：同桌同情的眼神、窗外炽烈的夏日阳光、许老师期待的笑容、过度紧张以至于有些犯恶心的我，以及白得刺眼一字没写的作文本。以至于多年之后我碰上突如其来的刺激，就会浮现那个画面。

不能尿！那是我脑子里闪过的唯一一个念头。我可以在拿数学卷子的时候尿，也可以在做自然实验的时候尿，甚至可以在给班花递小纸条的时候尿。只有现在，不能尿。然后我就读了，在同桌看外星人一样看我的目光里，我对着空白的纸面开始读一篇

■ 不能让爱你的人失望。这很重要。

根本不存在的作文。

从题目开始，然后是第一段，开始还有些生涩，然后脑子里的句子一个接一个，像被叫醒的士兵排成队跳了出来，顺畅到自己都吃惊，直到最后一句，完成了八百来字的作文。坐下来的时候，我意识到许老师在一如既往地夸我，但完全没注意听她在说什么，我的手里全是汗，还在微微颤抖。唯一知道这个秘密的同桌久久没有合上嘴，破天荒地一整节课一言不发地看得我发毛。

那节课对于我绝大多数的小学同学来说，早就作为无数堂无趣的课之一被遗忘。我读那篇不存在的作文时，该睡觉的人都在睡觉，爱听的人一样在听，不以为然的人也依旧不以为然，班花也许偷瞄了我一眼，数学老师也许正在办公室吐槽我，校工也许从门口路过过。

总而言之，这是个对世界毫无意义的下午。而对我来说，这节课让我明白了一件事：不能让爱你的人失望。这很重要。

清明的时候，按惯例陪我妈去给外婆扫墓。我们混在熙熙攘攘不知道是悼念还是游玩的人群里上山，照例摆祭品，烧纸钱，扫掉墓碑上的灰尘，磕头，然后离开。下山的时候，一边听着我妈说闲话，我一边忽然意识到，居然要想很久才能记起外婆的样子。而她走了不过几年。

我基本算是外婆带大的。我爸追着我满院子打的时候，是她护着我；我上学买小东西，是她偷偷塞给我零用钱；我写字写了这么久，是因为她柜子里每天只给我看一本的小人书。是她告诉我做菜的道理，说食材就像人活着，前程全无把握，但要随遇而安，比如西红柿，遇上鸡蛋不费功夫就是道热菜，遇上黄瓜用尽心机也就是盘凉拼。这话甩了长大后我听过的所有心灵鸡汤整条街。

她是爱我的。然而，想不起来她的容貌并没有让我太感伤。因为她离开得早唯一的好处就是，不用面对我后来人生里有可能的所有不够让她骄傲的事。我可以对自己不满意，但我不希望爱我的她失望。

人越是年长，越是明白些很难说出口的真相。比如，有些人关心你只是因为关系到他们自己，比如，真正无条件爱你的人肯定是你的双亲和家人。所以这些年我虽常干混蛋的事，但没忘了尽量不让真正爱自己的人失望。因为只有不让他们失望，自己才

> 活在当下，不只是为了自己，还为了不让爱你的人失望。

有希望。

不能说出口，说出来的都会是言不由衷。我们在年轻时为自己编造不同的过去，年老时为他人编造不同的过去。真正真实的部分，也许只有现在。而活在当下，不只是为了自己，还为了不让爱你的人失望。

人生最好的样子
是干净而不放弃

文 · 谢姣姣

我们都或多或少经历过生活的玩弄,而我唯一能够分享的,不过是一颗同样饱受摧残的心和不甘妥协的灵魂:我就是要干净地活着。

不到最后一刻,谁都不能剥夺我活着的权利,连我自己也不能,哪怕它卑微、琐碎和痛苦。

身体的疾病、亲人的离世、朋友的背叛、同事的算计……所有这些让人避之不及的心碎都在我生命中上演过。当时以为天大的事,经历得多了,才发现,大家都一样。每个人都逃不过,只不过是时间早晚而已;每个人都绝望悲伤过,只不过无法说给别人听而已。

奶奶去世的时候,我还在学校。爸爸亲自到校领我回家,说奶奶生病了，特别想我。我当然也很想回家，不过并未将奶奶的病情想得特别严重。毕竟她一向硬朗，我一直觉得她至少会活到我的孩子出生。

然而，生活向来蛮不讲理。一进家门，我就傻了，到处是人，堂屋的桌子上摆着的分明是奶奶的黑白照。姑姑过来哭着拉着我的手说："奶奶走了，突发性脑出血。"

我绝不会想到这一切会降临在我的身上。几天之后，我继续回校上课，但是我知道有些事再也不一样了。有很长一段时间我都不会笑，整晚整晚失眠，成绩也从班里的前三名掉到四十多名。

离奶奶去世已经这么多年了，我仍然会思念她，那个对我关怀备至的小老太太。但是现在，我已经放下了很多，不会一想起她就心痛，不会一梦到她就掉眼泪，不会无法跟人提起她；相反，时间越久，我越能感受到她对年幼的我的无私的爱，我也就越觉得幸福和有力量。

不是因为人们说的"我爱的人一定不希望我难过"，而是因为奶奶已经给了我她所能给的最好的时光，我就不应该再为此悲伤，而是带着对她的思念好好活着，好好感受这个世界的美好，就好像她还在我身边一样。

我想,我似乎比自己想象中要坚强一点。

当然,事情还没有完。在我成年以后,又一个亲人突发性脑出血,所幸现在良好的医疗条件救回了她。我本以为有了第一次的经验,这次至少能冷静一些。事实是,同样的苦难降临第二次,它带来的打击和痛苦远远不止加倍这么多。

是不是悲剧得不像是现实?事实上,现实要比想象残酷得多。一连串的打击让我尤为脆弱,在医院等待期间,我不跟人说话,不洗脸也不刷牙,甚至连走路的力气都没有。我觉得世界不怀好意,周围的人也居心叵测,一切的一切都成了灰色。

我在想:这到底是不是一个玩笑?我只想就此认输,放弃一切。当如此惨烈的事情发生后,当痛苦占据了生活的全部意义后,你能理解这样的想法与感受吗?

当然,我现在还好好活着。至于当时为什么没有付诸行动,可能有一点不甘心,也缺乏一点勇气,以及舍不得吧。舍不得看亲人独自悲伤,舍不得成为他们悲伤的一部分,舍不得放弃可能变好的希望,舍不得抛弃那些爱……

> 世界上只有一种真正的英雄主义，那就是认识了生活的真相之后依然热爱生活。

在这样日复一日的纠结中，事情渐渐好转起来。而在熬过最痛苦的日子后，我发现我对这痛苦的感觉迟钝了。好像过了那个点，感知就没有那么强烈了。现在想想，当时要是真的行动了，我一定不会原谅自己。

还好，还好，我现在还是过得好好的，明媚快乐，更懂珍惜。

也许，真的，人类的天分就是持续不断地忍耐。受伤了，只有挺过来。有时根本就没有解决方法，没有什么明确的答案。我们只能学着从绝望中看到希望，然后着眼于它积极和有趣的部分。

要记得，时间是疗伤的神器，它会医好一切。

你感觉不爽，对生活不满，但是，指责别人是不会让事情变好的。在现实中，你有责任使你的生活发生积极的改变。

当你不再纠缠于"我的生活本该怎样"，你才能创造它新的模样。就像人们说的，"世界上只有一种真正的英雄主义，那就是认识了生活的真相之后依然热爱生活"。

没有人会为了太阳落下、黑暗降临而慌张痛苦，因为这是必然的真实。人生也是如此。

我们要好好活着。只要活着，就有希望，不论何时何地处于何种状态。就算我现在很伤心，我也只是为了某些特定的事情伤心，而不是对整个生活失望。

因为，我想抹去爱人的眼泪，我想你也一样；我想有足够的力量保护家人，我想你也一样；我想实现我的梦想，我想你也一样。

我也许没能成为世俗眼中最好的样子,

但我活出了最好的自己,

谁又能说这不是一种伟大呢?

假如不能被爱是一条黑暗的小路,
燃着爱的心还可以照耀着你前行,
但倘若全无所爱,
便如那绵绵的秋雨,
把你的生活打得僵冷。

——史铁生

一个人总在仰望和羡慕着别人的幸福,
一回头,却发现,
自己正被别人仰望和羡慕着。

抱歉，
没活成你们眼中的样子

文·阿春牧羊犬

1

寝室有一师兄，是药学院的博士，前段时间看到他发的一条朋友圈，挺感慨，觉得我们活在这个世上，很多时候都极想活成别人眼中最好的样子，不断苦撑，渐行渐远间丢失了最初的自己。

师兄发的状态是这样的："这么多年来，一直都按照父母的意愿前行着，从高中到大学，从大学到博士，完全按照他们预定的轨迹在行走，很庆幸一路顺风，也很痛苦终于弄丢了自己。其实想想，自己哪有这方面的天赋，全靠一个人的苦撑，真的太累了，想要停下来好好想想以后的日子。你好，未来。"

刚看到这条状态的时候，很惊讶。以前经常跟师兄在寝室闲聊，知道他是被直接保送的博士，还是学校比较出名的药学院的博士，可谓前途无可限量，一直都很崇拜他，也将他作为自己的标杆。

前段时间，师兄越来越晚回寝室，常常忙到夜里一两点，早上 7 点多又走了。他说他们正在测试一项重要的实验，也是他论文的主题。

学医学药的确实苦，做不完的研究，熬不完的通宵，每一天都在高强度的压力下生活着。也许外人只看到他们光芒万丈的一面，却根本不了解背后的苦酸。

人都是这样，拼了命地变好，也不过是想赢得众生前一个仰望的角度。你说世俗嘛，可这就是生活。

后来，师兄他们的实验失败了，大半年的心血付诸东流，论文也没了着落，天空整片整片的黑。

看了师兄的状态，回到寝室也跟他谈了很多。他说，他真的太累了，这几年仿佛心都苍老了，为了能够拿到保送的资格，没日没夜地复习，所有的假期都是在图书馆里度过。最后为了复试，两天都没睡觉。现在读了博士，压力不减反增，导师期待的目光，爸妈殷切的愿望，还有无数朋友眼中那个学霸无敌的自己，每天的空气都是滞重的。

这么多年，他一直都在为实现父母的愿望而奋斗，他知道父母一直想他学医药学，然后出人头地，争取当个教授。他的一生还很长，他才二十六岁，但他的一生也很短，早早被人竖好了站牌，不到站不停车。

这次的实验失败对师兄打击很大，也让他能够真正地静下来去思考自己的人生。他说不想再那么痛苦地强撑，也不必给自己如此大的压力，他要开始重新规划未来的道路。

那天，师兄在寝室打了一个很长的电话，只言片语中了解到是在跟他父母通话，其中一句重重的"对不起，让你们失望了"，清晰地传到耳边。第二天，师兄迟到了，第一次比我起得更迟。

看到酣睡中的他，离开时，我轻轻地关上了门。

> 我也许没能成为世俗眼中最好的样子,但我活出了最好的自己,谁又能说这不是一种伟大呢?

3

我觉得师兄是一个特别勇敢的人。有多少人能够正视自己,有多少人能够舍弃掉那看起来风光无限的未来。其实,真正能够阻挡我们的从来只有自己。

我的一个女性朋友,家境殷实,父母就想她大学毕业后早早回去,参加他们安排好的相亲。在父母眼里,觉得她混个大学毕业就好了,找个条件不错的老公,以后的日子衣食无忧,便是极佳。可这位朋友却喜欢上了一个普普通通的男生,他俩打算毕业后去同一个城市奋斗,靠着彼此的努力,闯出一片美好的未来。

当时,朋友的父母赶到两人租的小屋里,看到艰苦的条件,顿时炸了锅,拉扯着我朋友,一定要她跟他们回去。最后,他们终究没熬过我这朋友,丢下狠话,要断绝父女母女关系。

那段时间,朋友确实生活得很艰辛,没有家里的帮助,她和男生每天努力地工作,交房租谋生计,一切看起来惨淡无比。而父母的恼怒也让朋友感到很愧疚,毕竟生养爱护了自己那么多年,没有好好孝顺他们,还让他们如此动气,真是不孝。

苦日子终究会过去,两人的奋斗也有了好的回报,生活越来越好。有一天，朋友晒了张怀孕的报告单，照片里她和男生笑着牵着手，简单地幸福着。虽然没有嫁给条件更好的男人，但至少这个男生是爱着自己的女儿的，朋友的父母最终也妥协了。

4

我相信很多人都在这样生活着，从小就争当父母眼中的乖宝宝，听话，好好学习，然后渐渐成长，便随着家长的意愿报考那所谓很吃香的专业、报考公务员、去考研、去出国，一切都活成在他们眼中很好的样子。

除了父母，我们也在意着朋友眼中的自己是什么模样。有时候"追名逐利"，不是自己有多渴求，只是想能够在别人眼中不被轻视，能够融入世俗社会的大圈子。这样的我们太累了。

有时候，我们需要多一点的勇气，去勇敢地承认自己的不足，去勇敢地挣脱外界的束缚，去勇敢地追求心目中的自己。是呀，我确实没有他们好；是呀，我本来就是个笨小孩；是呀，这样的我确实没多大出息。抱歉，这样的我可能让你们失望了，没有活成你们眼中最好的样子，对不起。

但，至少我没让自己失望，没有辜负自己。我也许没能成为世俗眼中最好的样子，但我活出了最好的自己，谁又能说这不是一种伟大呢？

那些关心我、爱护我、期待我变好的人，我一直在拼了命地努力。不必多高看，也无需多贬低，我们总会有绽放的瞬间，即使全世界都没看见。

好好爱身边的人

文·一直特立独行的猫

我有一个朋友,每次坐飞机他都要把航班号、起飞降落时间、家里还有多少钱、谁欠自己钱、自己欠谁的钱写得很清楚,贴在冰箱门上。他说怕出事了有人找他太太麻烦,死无对证可怎么好。我笑他有病,一度还自己琢磨这执行难度有点大,天天算啊算的……今天,我笑不出来了。

十年前,我高三,住校,每周末回家一次。某个周日临回学校的时候,我在家门口一边穿鞋一边背书包,回头跟我爸说:"下周回来我要在家吃火锅,买个锅啊,在家吃啊!"我爸说:"没问题。"一周后回来,我妈说我爸去干活儿了,周末不在家里。但奇怪的是,我妈也老是急急忙忙地进进出出,中午那常来我家蹭饭的邻居还给我送排骨来了。我预感到不对劲,但又看不除了生死，其他的都是小事。

出也问不出什么来。

再接下去的一星期，我愈发感觉不对，打匿名电话给我妈单位也没套出话来，中间偷偷跑回家，家里也毫无异样。一直到舅舅在某天上课的时候来学校说："你爸出了点事，在医院里，带你去看一下。"我心想，会是什么事儿呢？车祸？生病？最差会不会瘫痪？可是那时候还特别心宽地想，就算是瘫痪，我也会养我爸爸一辈子，所以我不害怕。快到医院的时候，舅舅的司机突然扭头给我手上放了一把小橘子，我心想，坏了，肯定是去世了，连从未谋面的陌生人都对我这么好了。

果不其然，医院里的长廊里，站满了我认识的大人们，他们都在等我，等高三的女儿来见她的爸爸最后一面。据说我家人还问医生："孩子上高三，这要让孩子来吗？"医生说："来吧。"于是，他们就把我叫来了。

我没哭，我猜是因为我已经预感到死亡了，心理上不是完全崩盘。两个星期，从吃火锅到遗体，与其说我坚强勇敢，不如说那一瞬间，我心里就被撞了一个洞。这个洞，是永久性的损伤，它让我变得暴躁、易怒、抑郁、悲观，甚至有时候想自残和自杀；也是这个洞，让我的性格瞬间发生了巨变，从乖巧的乖乖女，变得充满混不吝的野蛮与不屑。

我现在特别惜命，有点小病就往医院跑，感个冒都要做B超，身体不适就怀疑自己有大病，每年体检都心惊胆战、疑神疑鬼，雾霾一来我买了2000多个挺贵的进口口罩。我觉得我是被吓着了。

后来，我慢慢长大，有了每天打电话给我妈确认安全的习惯。有了爱人，有了自己的家，开始理解，为什么小时候没有按时到家，父母就急得要吼我；为什么自己去台湾，我妈担心得11天睡不好觉；为什么手机一没电，老公就焦急得坐立不安。因为爱，因为爱的揪心，也因为爱的脆弱。

人世间有旷世奇缘、海枯石烂，却也有挥挥手再见就再也没能相见。这不是什么心灵鸡汤，也不是什么有感而发，只是心里的再一次印证和撞击。明天和意外，真的不知道，哪一个先来。

没发生的事，永远都是无常的。你不能设定，只能计划。好好爱身边的人，别再对叨叨说教不停的父母喊停，别再跟身边爱你的那个他（她）因为小事而吵架。人世间每一次相遇都是久别

> 未来充满着无数可能,我们永远无法知道下一秒会发生什么,唯一能做的就是珍惜眼前人。

重逢,而每一次分开都可能今生再也不相见。

除了生死,其他的都是小事。

未来充满着无数可能,我们永远无法知道下一秒会发生什么,唯一能做的就是珍惜眼前人。

为生命祈福!

想活得年轻，就要年轻地活着

文·沐沐

跟朋友固定小聚。N小姐说今天实在不想洗脸出门，邀请大家去她家里聚。到N小姐家时，她一脸慵懒地把大家迎进家门。然后我们几个窝在沙发上，听着轻音乐，有一搭没一搭地聊天，各自手里握着手机，就这样一直到天色变暗。大家商量出去活动，但结果是：外面这么冷，雾霾到现在还没有散去，哪里都不去。一个小时后，我们吃着外卖，看着偶像剧。

N小姐引起了一个话题：自己看起来越来越老了，不再像是二十多岁的女孩，让大家帮忙推荐一款去皱纹效果好的眼霜。一阵叽叽喳喳之后，小A说："其实，用什么保养品都没有用，看起来衰老是因为我们过着老年人的生活，工作没热情，生活也没激情。"

我们五个人在沙发上窝了一下午，这在两年前几乎是不可能

> 我们之所以看起来衰老，是因为我们用老年人的心态，过着老年人的生活。

的。那时候，我们有太多想去的地方，太多想做的事情，太多想吃的东西，要一个一个去体验。还在年轻得不得了的年纪，我们慢慢失去了好奇心，生活对我们的吸引力越来越小，我们快乐的阈值越来越高，感兴趣的东西越来越少。

之前跟一个朋友聊天，他说跟现在比起来，以前快乐的阈值相当低。读大学的时候攒一学期的钱，买一个镜头，晚上做梦都是笑的。那时拍一张满意的照片，一天的心情都好到飞上天；现在能买到最高级的镜头，却再也找不到当时的快乐了。就算拍的照片获得摄影奖，也没有什么感觉。之前隔几天就会发现一种很好吃的东西，恨不得告诉全世界让他们都去吃；现在吃什么都是一个味道，玩什么都没有兴致。

所有的这些不积极，都会在我们的脸上和心里表现为衰老。我想不起来从什么时候起，在周围的伙伴身上，青春变得模糊起来。

工作一年之后，男生肚子慢慢鼓起来，女生的脸上也开始看出岁月的痕迹。男生除了工作上还能斗志昂扬之外，其他活动都懒得去；女生越来越宅，最好能大门不出、二门不迈过一天。

打球，没意思不想去，也没有时间；爬山，没意思不想去，也没有时间；旅游，没意思不想去，也没有时间；逛街，没意思不想去，也没有时间……

不到三十岁的一群人，一个个负重前行，活得不年轻。这群人以前不是这样的，短短几年时间，像换了一群人。之前就算是跑了一天刚从外面回来，同学喊一声出去吃夜宵，也是满口答应，套上衣服跑下楼；现在即使在家宅了一天，也还是懒得下楼，谁都叫不出去。

刚毕业工作那会儿，会穿越半个城市，排两个小时的队看展览。现在别说排队看展览了，路过展览也没有多少兴致走进去。

之前三天不运动，就感觉缺了点什么，浑身不舒服，好像满满的能量出不去一样；现在办了健身年卡、游泳年卡、瑜伽年卡，却总能找到一堆的理由，说服自己工作已经够累了，老胳膊老腿儿，就不要折腾了。

不管是不是老胳膊老腿儿，当一个人这么觉得的时候，他可能就已经不再年轻了。比这些更可怕的是，斗志被生活的柴米油盐消耗得差不多了，棱角也在现实之中消磨得不剩什么了。

有一天，闺密跟我说了一句话：我还记得我的梦想，但是我现在不想去实现它了。

只有从内到外都年轻地活着,才能有岁月抹不掉的美丽,时间夺不走的年轻。

她从小喜欢画画,如家人所愿上了重点大学之后,曾非常遗憾没能坚持理想去中央美院。后来学了不感兴趣的自动化,毕业之后做技术支持。一次加完班回家,她在人来人往的路上,看到背着画板的美院学生,突然想到自己已经有半年没有拿起画笔,一个人蹲在路边哭了。后来,她把自己画画的工具小心地收藏在一个箱子里,再没有打开过。

梦想还记得,但是已经不想实现了,是无能为力,还是无可奈何?还是在疲惫的生活里,在慢慢衰老的心里,梦想已经无处安放?

她说,不想再追求什么新鲜刺激,只想要一份稳定。她说,当心甘情愿地开始过重复的日子,就已经没有资格再谈梦想。她还说,放弃儿时的梦想,就彻底开始衰老了。最悲哀的事情之一是,人还年轻,心已经慢慢变老。

小A总结的对,我们之所以看起来衰老,是因为我们用老年人的心态,过着老年人的生活。

成熟跟年轻并不矛盾,也不代表衰老。我不知道二三十岁的年轻人,表情历经沧桑,穿衣服老气横秋,做事情不温不火,是真的在慢慢成熟,还是在故作深沉,用所谓成熟的外表来掩饰懦弱又慵懒的内心。

要想看起来年轻,就要年轻地活着。当我发现岁月毫不留情地在我的脸上和心里留下痕迹的时候,我对自己说要做点什么了——多运动,多体验,多出去走走;少抱怨,少八卦,少看电视剧。

只有从内到外都年轻地活着,才能有岁月抹不掉的美丽,时间夺不走的年轻。海明威曾经说过:"这个世界是美好的,值得我们去奋斗。"

趁年轻,去奋斗,去奔跑,去追求,用生活的热情去留住岁月,而不是用一罐罐护肤品和滋补品。

趁年轻,带着热情和勇气,年轻地活着。

待人友善是一种教养

文·王珣

带女儿去国家大剧院欣赏动漫音乐会，因为我也是动画片的疯狂爱好者。正值暑期，动漫专场里孩子很多也显得喧闹，但随着乐队上场，三层的音乐厅里立马就安静了下来。演出很是精彩，散场后女儿说，她发现我在鼓掌的时候脸上都带着笑意。我回答："场上的音乐家看不到每个观众的表情，但他们能听出送给他们的掌声里是带着微笑的。"待人友善不一定都在面对面的接触里，现场那么多家长让自己孩子保持安静，也是他们所做出的对陌生人最大的友善，这就是教养的力量。

回家的时候已经很晚，公寓门口一位男士正跟收费员吵闹，为了十元的停车费，他带着脏话的斥责声在深夜传出很远。旁边停着他的黑色路虎，看到他边骂边推搡收费员，车上下来一个女子相劝，却被他狠狠推开叫喊着让她上车，女子没有站稳差点摔倒。我们居住的公寓因为临近公园，周末路边都会停满来玩的车辆，因为几元停车费的纠纷经常发生，负责收费的人春夏秋冬都在露天值守，这是一个合法的停车收费场所。对陌生人不友善的人，也很难做到对自己人善良，究其原因就是没修养，一旦形成这种唯我独尊的性格，谁也救不了。

妈妈性格内敛，话也不多，对家人子女极尽温柔，和邻居同事也礼貌相处，在她那里没有俯视也没有低眉，对任何人都保持友善。但我又看她大部分时间都独来独往，上下班一个人走，买早点、买菜、健身、散步也常常都是一个人。当时的我以为独来独往代表没有朋友，有时候被疏远落单的时候还会很伤心，妈妈却说："你做好你自己，任何境遇之下都能做好手边事的时候，有些人就已经被甩在了后面，当你走得更远一些就会遇到同路人，或许才能一生为伴和终身为友。"妈妈有三位闺密，少年时的伙伴，相知了六十多年。

三毛曾经记录过她上小学时的遭遇，数学不好又因为被怀疑作弊，她顶撞得罪了老师，结果有一天被老师画了黑眼圈在走廊里示众。这件事使她休学在家自闭多年，也造就了其悲观敏感的性格，尽管她一生走过48个国家、写了26部作品，但还是走不

> 愿意善待眼前这个世界的人，也一定会被这个世界温柔相待。

出童年的阴影。我上中学时也有过类似的遭遇，因为顶嘴让当时的班主任闹到校长那里——"有她没我，有我没她"。正是我一向温柔的妈妈，用她面对质疑不公的方式，一次次为女儿据理力争，始终相信自己孩子的话，她如此强悍地保护了一颗幼小心灵的尊严，让我因为挫折看到什么才是坚强，学会以直报怨又能得饶人处且饶人。教养的后面都有一条底线，底线之上必须克制，触及底线必须力争。

有些人不会在公共场合歇斯底里，不是人家忍气吞声故作"教养"，而是因为人家尊重他人的同时，也一直被他人尊重。有些人出不出门都满眼是非、到处吵闹，不是因为你在为大众做"公平"，而是因为你缺少教养，换来了别人的以牙还牙。有些人的习惯就是不抵制点什么、不吵闹点什么，就觉得自己吃了亏又受了气，原因却多是听风就是雨，没有自己的判断，或是自己没有享受到所谓的特权。

你听说过那个会搭车的机器人"波特"的故事吗？它只是坐在路边伸出手做出搭顺风车的手势，有过路汽车在它身边停下时，它会回答自己想游历世界的梦想，还要顺带一句"请抱我上车"。就这样，有无数个车主停车抱他上车，26天里"波特"游历了加拿大和部分欧洲地区。正是那些待人友善的有教养的人停下了车，才成就了一场机器人的旅行，看似不可能的事却真真切切发生在生活里。

　　教养一直在，哪怕表现的方式是独来独往，但你并不孤独。生活里有我们不喜欢的人，但没有比我们身份低、配不上我们的人。愿意善待眼前这个世界的人，也一定会被这个世界温柔相待。

愿你学会，
笑着低下头

文 · 李月亮

在电影院排队买票，我前面是一对年轻恋人，刚排到他们，一位妈妈领着孩子急匆匆挤过来，直接冲售票小姐说："我们的已经开场了，先给我们出票吧。"

我前面的姑娘不乐意了："您排一下队好吗？"那位妈妈完全不理，直接递钱给售票小姐："孩子急着看，麻烦你先给我们出吧。"姑娘有点火，伸手去挡。

眼看要闹起来，旁边的小伙子轻轻拉过姑娘，笑着说："让她吧。"然后示意售票小姐先给那对母子出票。姑娘生气，小伙子笑着拍她肩膀："不要紧，我们又不急。"

有时候跟讨厌的人顶上了，非要较真的话，讲理讲得赢，打架也打得赢，但是赢了一件小事，却损失了时间和心情，划不来。不如低低头，让她过。而重要的是，低了头，心里也不拧巴,还开开心心该干嘛干嘛,这就是种境界了。

去年,我的朋友大妮单位集资盖房,盖好后大家抓阄分房,大妮运气不错,抓到三楼。正美呢,领导找她说:"单位一个老大姐抓到五楼,觉得年纪大了爬着费劲,非要换,你愿意跟她换换不?"

大妮说:"我孩子才三岁,爬五楼也费劲。"领导挺为难:"那大姐特难缠,天天打电话找,关键她妹夫又是公司的直管领导。"大妮想想,说那就换吧。

领导有点过意不去,说委屈你了。大妮说没事儿,就当抓阄抓的五楼了,而且天天多爬两层还减肥呢,孩子过两年大了,爬五楼也不是事儿。

就这么换了。换完,大妮也没觉得委屈,跟那位老大姐还乐呵呵地处得很融洽。大姐挺感动,跟谁都说大妮好。她领导也领情,今年有个去英国学习的名额,二话不说就派给大妮了,这里面可能有其他成分,但换房事件功不可没。

其实,人都不是圣贤,对大妮来说,到手的利益要拱手让人,没点胸怀、没点格局做不到。而让出去以后还能想得开,不怀怨恼,真挺不容易。只是她做到了,好事儿就跟着来了。

> 笑着低下头，也是个很美的姿态。很多时候，我们其实更需要有这种姿态。

人生是一盘很大的棋，你在这里迂回一下，可能就在那里蓄积了力量，该让的让过，不会亏的，福报在后面。能在利益或者是非面前，笑着低下头的人，想必会活得更加自在安乐。

过去，我们总强调"就算含着泪，也要昂起头"，人生确实需要这股不服输的劲头。但头要昂得起来，更要低得下去。笑着低下头，也是个很美的姿态。很多时候，我们其实更需要有这种姿态。

在非原则性的事情面前低个头，不较劲，不偏执，退让一步，做点不伤筋动骨的妥协，这是在理性上对客观现实的合理把控。

而在退让之后，也不觉得拧巴，淡然一笑当事情没发生过，不憋屈不失衡，内心依然平和，这是在感性上对内在精神安宁的有效维护。

生活里，能低下头的人很多，但多数人是怀着怨愤低下去的，委曲求全，心里百般不爽，暗暗恨他人无理，怪自己窝囊，想着我记着这事儿，总有一天要找回来，这样也不好。想想，你给了别人便利，放过了别人，却跟自己过不去，不肯放过自己，这多傻。

主观上不想相争也好,客观上不得不让步也好,如果相让是更好的处理方式,就让一步好了。而如果事实上已经相让,心中自然便该放下,纠结怨恨只会徒增烦恼。

愿你学会,笑着低下头。

人生不是百米跑，别太在乎起跑线

文 · 杨雨晴

前几日，导师六十大寿，师兄弟们前来祝寿，加上我正好十人，凑成一桌。席间，大家先是互道寒暄，彼此了解一下工作情况，接着又聊到了家庭和孩子。

最长的师兄Z大我八届，现在已经是一个设计院的副院长了。按理说，日子应该过得挺潇洒的。可是他一脸愁容，说日子难过。我们不解。他解释道，他小孩快六岁了，马上要升小学，为了能让他读上条件很好的学校，年前他一狠心，在那所小学附近的楼盘买了套价格颇贵的房子。其实他和老婆的工作单位都离他现在住的小区比较近，但是为了孩子，不得不舍近求远。

后来，我们才知道，Z师兄在他小孩读幼儿园期间也没少花钱，那所幼儿园光学费就是三万起。我们问，何必要这样，小区里的幼儿园按理说应该足够了。Z师兄叹了口气道："不能让孩子输在起跑线上啊。"

这时,沉默了许久的 A 师兄突然开口道:"人这一辈子,又不是百米冲刺,起跑线哪有那么重要?路长着呢。"

A 师兄出生在一个十分偏远的小山村,据说现在出入那里也没有一条像样的公路。他家祖上世代务农,终年是面朝黄土背朝天。在这样一个贫困又相对闭塞的村子里,谁都没有想过会有一个大学生横空出世。A 师兄说,他直到来长沙读大学时才知道,原来还有上幼儿园这一说。在他们那儿,顶多就是读一年学前班,就直升一年级,而且那学前班也是可上可不上的。在城里小孩子上幼儿园接受双语教育或者特长培训的时候,他们还在那儿玩泥巴堆石子呢。

他的小学老师是个"全才",从一年级将他们一直带到六年级,并且兼任所有课程的任课老师。不过说所有,其实也只有四门课,语文、数学、自然和思想品德。所以在他们读小学的时候,从来不会将语文老师、数学老师分得这么清楚,他们只有一个统称,就是班主任。

后来,到了镇上初中的时候,由于他从来没学过英语,所以第一次英语考试考得一塌糊涂。他说,那是他第一次因为学习上

> 人生是一场马拉松,不可能所有的选手都站在同一条起跑线上,也不见得站在最前面的就一定能赢得比赛。

的事情大哭了一场。后来,他像开了挂似的,吃饭的时候在学英语,睡前在读英语,就连上个厕所也在默记单词。那时候也没有所谓的课外辅导书,所有的学习全凭那本教材,到最后,A师兄说他几乎可以将整本书背下来。

从此,A师兄一路高歌猛进,在初中、高中这六年里,他在学校称第二,就没人敢称第一。高考后,他考入了当时所在大学最好的专业,土木工程。在本科和研究生期间,他一如既往地努力着,毕业后,去了一家还不错的施工单位,最近听说,他马上要升任总工的职位。

A师兄说,有时候,他老爹喝了酒,就会拉着他感慨:"要是你生在一个有钱的人家,让你读书的条件好一点,你肯定能进清华,现在的生活也就更好咯。"

每每这时,A师兄就会笑着说:"那谁知道呢,搞不好,就光图享受去了,考不考得上大学还是个问题了。"

是啊,出身富贵,不见得就一定能成功,同样,出身贫寒,也不会注定一败涂地。是英雄,就不惧自己的出身,努力了,坚持了,上天总会给予相应的馈赠,一切还是掌握在自己手中。

偶尔听到有人抱怨:"我家里就这个条件,要钱没钱,要关系没关系，我能怎么办？"可是，谁说家庭条件不好，输在了起跑线上，就可以心安理得地一路输下去？遇到不顺和失败，就将所有的原因都归结于家庭背景？别那么天真好么？都是成年人了，要知道，起跑线输了，从来都不是中途不能发力的借口，要是自甘堕落，甭管起跑线多么靠前，亦是枉然。

人的一生最终还是得自己走完的，靠强大的父母是能走得相对轻松一些，但同时也会在轻松中失去一些个人成长中重要的能力。我们从小就应该知道，现在所有的一切都是父母的，在艰难的时刻，父母可以帮你一把，但不能时时都指望着父母，我们想要的，最终还是必须由自己去争取。

突然想到一个问题，"不要让自己的孩子输在起跑线上"这句话到底谁用得最多？其实细细一想，无非两个行业，房地产和培训机构。再细细一想，感觉所有的原因就不言而喻了。

人生是一场马拉松，不可能所有的选手都站在同一条起跑线上，也不见得站在最前面的就一定能赢得比赛。

我们选择不了出身，也选择不了阻碍在我们前进路上的现实困境。但是我们可以选择前进的方式，是跑？是走？是爬？还是原地不动？但不管怎样，请不要随意对自己说，我的人生就到这

> 人生就像是一场远行，或许我们前半段的道路泥泞不堪，
> 但也请风雨兼程。

里了。

  人生就像是一场远行，或许我们前半段的道路泥泞不堪，但也请风雨兼程。相比于那些顺风顺水的人，我们无非是走得累些。最多是在登上顶峰之后，我们精疲力竭，但我们确信看到了世间最美的风景。

可以不服输，
但要会认输

文·晚睡

朋友给我讲一个故事。她女儿的同学有一个特别争强好胜的奶奶，要求孙女什么都要比别的孩子优秀，连孩子在发育期说话声音有点不清楚，她也无法忍受，觉得被落在后面了。她四处领着孩子去看病，医生说一切发育正常，孩子只需要一段时间和适当的引导，她却还是急，恨不得马上就好。这种焦虑转化为她时时刻刻提醒纠正孩子的讲话，孩子越来越怕她，在她面前也越来越口齿不清。

讲完这个故事，我俩都感叹，有了这样一个奶奶，这孩子会有一个特别艰难的人生起点。

很多争强好胜的家长，都会教育出内心拧巴的孩子。因为在这种家长的推动和逼迫下，孩子或许会取得世俗认可的成功，但只许前进、不许失败的教育策略，会在孩子心目中刻下"我只有

> 不服输，是挑战自我；会认输，是正确接受自我，
> 看到世界更广博的一面而又保持谦卑之心。

更好，才会有人爱我"的烙印。这样长大的孩子会习惯将"真正的自己"和"更好的自己"混淆在一起，在只有自己做到更好的时候，才会接纳自己。一旦自己做不到更好，失掉了过去保持的优势，就会彷徨无依，迷失方向。

有个女孩向我求助，关于如何调教她男友的低情商，但说来说去，说到了她的性格问题，我觉得其实这才是问题的关键。她说："从小到大目标一直很明确，而赢习惯了，就很怕输，也很讨厌输的感觉。"正是特别在乎输赢，一旦得失发生了起伏，影响到外界对自己判断的时候，她就会陷入焦虑和烦躁，产生负面情绪，进而影响两个人之间的关系，她就会"变得和平时不同，做不到一个好女友应该做的……这真的很心痛，更觉得自己不够好了"。

这的确很叫人心痛，比低情商更影响生活的，就是这种争强好胜的攀比之心。她一定要做到足够优秀，"有明确的理想，做一个完美的女友，有一个幸福的生活"，她就像一直生活在战场上。"我知道过于争强好胜不对，但就是改不了，从小争成绩、比赛、班干部，大了争绩点、系主席、能力、经验"，这背后的问题，和那位奶奶一样，她有强烈的焦虑，赢了就是花好月圆，输了就是阴云密布。

这又是另外一种自卑和虚荣心。两者有一样的深层心理动机，都是无法接受自己，而寄希望在成功者这个平台上来获得满足。但所谓成功这件事，又是如此的脆弱和单薄，幼年的成功和成年的成功不是一回事，学校的成功和社会的成功各不相干，家庭的成功和事业的成功又是两回事。不断追求更高的目标，却只许前进，不许后退，当有一天，这个成功的幻觉被打破，人生就会垮掉。

常言说"好汉不提当年勇，好女不提当年俏"，意思就是告诉我们：人生的辉煌和好日子，都是过去的，是会时过境迁的。可为何好汉总是爱提当年勇，好女总爱讲当年俏，就是因为人在无法正确面对失败的时候，就只能钻进过去，做一只麻木的鸵鸟。

所以在同样的挫折面前，盲目自信的人甚至比不自信的人更经不起打击。很多人一蹶不振的理由并不是因为真的一无所有，而是被剥夺了他们曾经以为注定要属于自己的，相反，如果觉得有些东西是可以失去的，倒更容易接受挫折。

我一直不是一个争强好胜的人，我也很害怕和那些争强好胜的人在一起。他们给我的感觉是杀气腾腾，对自己、对别人都特别苛求。他们一味追求成功，将这人生路上的很多快乐都变成一

> 世间从无完美。完美一直期待着被时间打破,而一旦将完美打破,解脱和自由就会随之而来。

个目标式的东西牺牲掉了。

从儿子小时候,我就教育他,人在一生之中,应该学会很多本事,其中很重要的一个本领就是会认输的本领。考试考了前几名是好事,考不到前几名也要能接受。成功固然好,但人生还要学会走到某一段就要停一下,失败就是最好的停顿,让你可以有机会看到人生别的景色。

只教给孩子取胜的办法,却没有教给孩子认输的本领,这就等于只让士兵进攻,却从不让他们撤退,这支部队一定会遭受重创。撤退也是非常重要的战略手段,有时候,必须要承认自己有些事情做不到,爱着自己的优点却不会爱自己局限的人,都不算真正地爱自己。

世间从无完美。完美一直期待着被时间打破,而一旦将完美打破,解脱和自由就会随之而来。

不服输,是挑战自我;会认输,是正确接受自我,看到世界更广博的一面而又保持谦卑之心。阿加莎·克里斯蒂说过:"从对日常生活的观察来看,我可以说,没有谦卑的地方就没有人类。"拥有了谦卑之心的人类,对成功这件事看淡一些,才能活得更踏实和快乐。

愿你的生活，
既有软肋又有盔甲

文·李月亮

大概十年前，采访过一个药厂的老总。事由忘了，只记得在严肃的工作采访后，这位高冷的老总从抽屉里拿出两页稿纸，和缓地说，想拜托你个事，你看这是我们厂一位员工的儿子写的作文《我的爸爸》，我觉得写得挺好，你们报纸有发小学生作文的版面，方便给推荐一下吗？

我说："您还操心这事儿啊。"他笑笑，说："孩子写得真挺好。"

这一笑特别柔和，瞬间就让他从一个冷峻严肃的老总，切换成了有感情有温度的长者。

后来药厂的一位中层告诉我，这老总早年离婚，之后前妻就带儿子去了英国，他曾经有六七年没见过孩子，虽然儿子后来又回到他身边读大学，但那段缺失的时光，就成了他的一个心结，

> 我们需要盔甲，以保护自己的信心和安宁，也需要软肋，以体验生命各个角落的美妙。

使他对孩子的事特别关注。

"我们职工要是因为孩子生病请假，都无条件获批，几天都行，带薪。有次一个工人打孩子，正好被老总撞见，第二天他专门找那工人谈了半小时，得知孩子是因为要买自行车挨揍，他直接拿了五百块钱，让那工人去买。"那位中层说，"平时他很严厉，我们都好怕，但只要涉及孩子，他立马就变个样。孩子是他的软肋。"

看来软肋也不见得是坏事。一个铁板一块的男人，因为这点软肋，显露出了慈悲和柔情，让人觉得他不但可敬，而且可爱，这挺好的。

大概是人世艰难，我们总希望自己能足够强悍，刀枪不入百毒不侵，金戈铁马无坚不摧。其实，绝对的强硬未必能带来成功。而就算成功，这冷色调的粗粝人生也未免寡淡。

感受不到风雨的人，也很难闻到花香。人生的很多美好，是柔软的心才体会得到的。那一点恰到好处的软肋，可能正是幸福的藏身之处。其实我们生而为人，便注定了会有软肋。认识和接纳自己的软肋，是我们一生的必修课。

当然，一个完整的生命，不能只有软肋。在软肋之外，我们更需要盔甲。

认识一个姑娘。我们在同一家报纸有专栏,也同在一个微信群里,彼此读了对方不少文章,也常在群里互动聊天,她在我印象里是个特别阳光懂事的姑娘,日子过得幸福滋润。

直到前不久我们互加了微信,聊起来,我才知道原来她患有小儿麻痹,行动非常不便,在北京郊区经营着一个小彩票店,收入勉强维持生活。但她很满足,因为可以每天读书、写字。她特别爱写作,仅仅是写,就让她很快乐,再看到自己的文字在各个平台发表出来,有人喜欢,有人赞赏,更是幸福感爆棚。

"我小时候很自卑,也总怨恨老天给了我这样一个身体,"她说,"但是现在不了,写作给了我特别多的快乐和自信,也让我活得很有价值感。文字是我的盔甲,让我什么都不怕。"

这乐观真不是装出来的。偶尔看到她的朋友圈,我总能感到一种蓬勃的生命力。她有时会调侃自己的身体,说"今天左腿变傻了,老想去穿右脚的鞋""坐得太久,站起来时虎躯晃了三圈,咕噜(她的猫)一定以为我背着它去学芭蕾了"。——只有真的乐观自信的人,才能有这么明朗的表达吧。

人生总会有这样那样的不如意,而有盔甲的人,会对这些不如意有抵抗力，不会太脆弱太畏惧太不堪一击，也不会活得太委屈自己。一个深爱的人，一份得心应手的职业，一个生机勃勃的梦想，丰富的学识，良好的品性，从容的心态，都可以成为我们的盔甲，护佑我们在纷乱的人世里笃定前行。

如果生活是一个战场的话，我们一定要找到属于自己的盔甲，仔细打磨，披挂上阵，进可杀出一方天地，退可保卫内心安宁。

好的人生，该是饱含各种体验的吧。有所爱，有所怕；有繁华，有清寂；有大开大合，有小情小调；有拿得出手的实力，也有深藏心底的柔软；有义无反顾的冲刺，也有无欲无求的停留。

所以，我们需要盔甲，以保护自己的信心和安宁；也需要软肋，以体验生命各个角落的美妙。

愿你修得一身金钟罩铁布衫，但内心依然柔软。

愿你的生活，既有软肋，又有盔甲。

因为有爱，
每句话都要好好说

文·张铁

堵在路上时妻子来电话问几点回家，还没说完你就挂掉了电话；周末想睡个懒觉，孩子却嚷嚷着要去动物园，烦躁起来吼了几句；父亲碰倒了花瓶，你一边收拾一边埋怨他怎么那么不小心……假如时间在这一刻定格，让你感受一下妻子、孩子、父亲的心情，会怎样？

近日看到的一段视频，就以直观的方式，促人换位思考。制作方以试镜为名，邀请了几组家庭。面对镜头，试镜者回忆对亲人语气不好的场景。而此时，另一个房间的家人打来电话，催他（她）赶紧过去。试镜者被要求模拟当时的语气，不知情的家人却当了真。镜头记录下的，是家人的失落、沮丧甚至眼泪，当然，还有试镜者深深的内疚。

这绝非有意的伤害，但即便只是无心的过失，也着实让人黯然。有心理学家认为，人类经验的核心是个体分离带来的"存在性焦虑"，而建立亲密关系正是为了应对这种基本感受。一旦亲密关系因为种种原因被打破，断裂感带来的将是恐惧与空虚。试着想想，如果你所在乎的人，言语行动间透露出敷衍、冷淡或是厌烦，你心里会不会也有一种被掏空的感觉？

为什么对亲近的人有时候往往会更不耐烦？有人分析，这源于"我不会受到伤害"的潜意识，其实是一种更为亲密的心理体验。也有人从经济学角度解释，对家人好的边际成本高于收益，对陌生人好的边际成本低于收益，所以更多微笑留给了那些不熟悉的人。就像那句流传很广的歌词："得不到的永远在骚动，被偏爱的都有恃无恐。"

在视频中，镜头的存在虽然或多或少夸大了无心冷语带来的伤害，却也让人想到"拔钉子"的说法：发脾气就像往墙上钉钉子，拔出来固然容易，但钉眼却难以抹平了。面对亲人，如若真的"有恃无恐"，反而让眼前人、身边事成了阳光照不到的暗角。如果说人和人之间有一个感情账户的话，关系越是亲密，彼此的存款就越多。只是，取多存少，账户迟早会被透支。

《论语》里，孔子曾以"色难"二字，道尽儿女对待父母之道。所谓色难，意思是：保持和颜悦色，是最难以做到的。其实不仅是对父母，对伴侣、对亲朋，也是一样。我们固然不能时时保持良好心绪，但身边人不是垃圾桶，更需要选择合适的时间、合适的场合，用有分寸、有技巧的言语行动表达情绪和意见，让他们比较容易理解和接受。所谓"发乎情，止乎礼"，说的又岂止是男欢女爱？

上周末，正是西方的父亲节，很多人晒出与父亲的合影，却也引来与母亲节时同样的揶揄：你在朋友圈这么孝顺，你爸爸知道吗？传统上认为，中国人不擅长表达感情，一句"我爱你"都难以启齿，要给一个亲吻、一个拥抱时，更是连手脚都不知道往哪儿放。其实，亲密关系，也需要靠培养、靠经营。少些无心恶语很重要，多些"甜言蜜语"却也不妨碍。有"目送"、有"背影"，也可以让爱看得见——即便会有些煽情。

城市之中，不断流动的"陌生人社会"，让我们的人生机会增多，却也让我们生活中的亲密关系愈发收缩。有人曾以一个普通白领为例计算，"再活30年，陪父母的时间也只有1个月"；而对于儿女，一句"缘分就是今生今世不断地在目送他的背影渐行渐远"，不少人感同身受。亲密关系弥足珍贵，却也难免与身边的人更多撕扯，以你的压力与焦虑向他们传递消极情绪、负面能量。"色难"，真的有点难。

有人计算，从文明曙光初绽到今天，地球上生活过的人类超过1060亿；而关于社交的"邓巴数字"显示，人类社交人数上限为150人，深入交往的则仅为20人左右。世界那么大也那么小，怎能不相待以温柔？所以，因为有爱，每句话都更要好好说。

你的幸福，
常在别人眼里

文·马德

人生烦恼无数。

先贤说，把心沉静下来，什么也不去想，就没有烦恼了。先贤的话，像扔进水中的石头，芸芸众生在听得"咕咚"一声闷响之后，烦恼便又涟漪一般荡漾开来，层出不穷。

幸福总围绕在别人身边，烦恼总纠缠在自己心里。这是大多数人对幸福和烦恼的理解。差学生以为考了高分就可以没有烦恼，贫穷的人以为有了钱就可以得到幸福。结果是，有烦恼的依旧难消烦恼，不幸福的仍然难得幸福。烦恼，永远是寻找幸福的人命中的劫数。

寻找幸福的人，有两类。一类像是在登山，他们以为人生最大的幸福在山顶，于是，气喘吁吁，穷尽一生去攀登。却发现，永远登不到顶，最终看不到头。他们并不知道，其实，幸福这座山，原本就没有顶、没有头。

另一类人也像在登山，但他们并不刻意要登到哪里。一路上走走停停，看看流岚，赏赏霓虹，吹吹清风，心灵在放松中，得到某种自足。尽管不得大愉悦，然而，这些琐碎而细微的小自在，萦绕于心扉，一样芬芳身心，恬静自我。

对于心灵来说，人奋斗一辈子，如果最终能挣得个终日快乐，就已经实现了生命最本质的价值。

有的人本来幸福着，却看起来很烦恼；有的人本来该烦恼，却看起来很幸福。活得糊涂的人，容易幸福；活得清醒的人，容易烦恼。这是因为，清醒的人看得太真切，一较真，生活中便烦恼遍地；而糊涂的人，计较得少，虽然活得简单粗糙，却因此觅得了人生的大滋味。

所以，人生的烦恼是自找的。不是烦恼离不开你，而是你撇不下它。

这个世界，为什么烦恼的都有。为权、为钱、为名、为利……人人行色匆匆，背上背着这个沉重的布囊，装得越多，牵累得也就越多。

几乎所有的人都在追逐着人生的幸福。然而，就像卞之琳

《断章》一诗所写的那样,我们常常看到的风景是:一个人总在仰望和羡慕着别人的幸福,一回头,却发现,自己正被别人仰望和羡慕着。

其实,谁都是幸福的。只是,你的幸福,常常感受在别人心里。

你是个女孩子，那又怎么样

文 · 入江之鲸

前几天和一位老教授聊天，讲到她的个人经历。她年轻时，走过一段很长的弯路。当初本科毕业时，她不知道是该继续读书，还是该走向工作岗位。她更想念书，当时一所美院的报考材料已经寄到她手中，只要填报好，就能顺利读研了。可身边的朋友都对她说："你是女孩子，你不用读研，赶紧工作找个人嫁了，弄好家里就行了。"几乎所有人都对她灌输着这样雷同的观点。于是，她傻傻地拱手放弃了美院。

后来的坎坷，不足为外人道，她愈发强烈地觉得，别人说的"女孩子该做的"，不是她真正的人生追求。她花了很大力气，费了很多时间，迟了很多年后，才辗转考上了另一所学校的研究生，这才走回当初那条心之所向的路。

老教授的故事，让我想起了我的母亲。今年过年回家的时候,某天上午,妈妈收拾着抽屉里的旧物,她突然感慨了一句:"唉,当年的高考成绩单还在。"

我心里难过了一下。我知道,对她来说,没能念大学是她一直以来的心结。我们搬了几次家,陆陆续续扔尽了陈年旧物,唯独她的高考成绩单,母亲每每拿出来感慨,却舍不得扔。当年,她数学成绩逼近满分,总分也算是全校数一数二,外公本来已经给她买好了上大学去的火车票,衡量再三,还是退掉了。因为,她是女孩子。在他们那一代人眼里,女孩子,读再多的书也没用。

比起上一辈人来,我们这一辈的境遇已经好了很多。女人不能上桌吃饭的时代已经翻篇,然而,即使如此,我们还是时常遭遇隐形的不平等。一些学校里,学生会主席只能是男生;我以前所在的学院,有的单位来招人,常常点明只要男生;工科女生就业遭冷遇,文科男生就业受热捧;有的"阴盛阳衰"的行业,女性员工远远多于男性,可越往高层走,男性比例就越高。女性的话语权,仍然很弱。

记得有一天,我的朋友说我太"拼"了。我告诉他,我从来不觉得女生就该不如男生优秀,我不指望将来嫁个好老公,从此衣食无忧。我希望我所得的生活，都是靠自己的能力争取来的。

我另一个朋友对我说："我很欣赏你这样的女生，但我会娶那种没什么野心的小姑娘，宜室宜家。"我在心里"哦"了一声。我不想说太深奥的道理，我只是认为，无论男女，人人平等。

我的朋友 M 姑娘有个亲弟弟，M 特别优秀，能力出众，而相比之下，弟弟则逊色了一些。M 的奶奶很遗憾这件事，说了句俚语——菜刀不锋利，锅铲倒挺锋利。意思大约是，该锋利的不锋利，不该锋利的却锋利了。M 不服气：为什么男孩子被比作锋利的刀，女孩子就该被比作不该"锋利"的铲子呢？当爸妈一再跟 M 强调，家里的房子一定留给弟弟的时候，M 觉得又好气又好笑——她从来没想过要跟弟弟争什么啊！

M 姑娘通过读书走出山村，算是同辈女生中最有出息的了。她的母亲却深深为之担忧："读书读多了，一定嫁不出去。"她的妈妈语重心长地教导她："命运都是平衡的。你是女孩子，要是事业上打拼得很好，家庭就注定不幸。"

说出这番话的 M 妈妈，因为性别而早早辍学。小学升初中，开学的那一天，下了一场很大的雨，本来要送她到城里上学的父亲对她说："要不然就不上学了吧。"如果是个男孩子，恐怕冒着再大的雨，或者是第二天，父母也会把他送去学校的吧。

之前有这样一个说法，A男配B女，B男配C女，C男配D女，于是A女就"剩"下了。M有一次把这个说法讲给她爸妈听，她母亲立刻表态，希望她成为B女，而不是A女。

M问："难道你不希望你女儿成为最好的吗？"妈妈依旧语重心长："女人最重要的是结婚、嫁人。"她的爸爸先说了A，想了想又说，还是B吧。M伤心了一晚上。原来，在很多人眼里，哪怕一个女性再优秀，只要"嫁不出去"，那她这一生就是"失败"的。

前几天，一个朋友向我倾诉烦恼。她很有才华，从海外名校留学归国，却在婚后选择了放弃学术，回归家庭。她"嫁得好"，衣食无忧。生完第二个孩子后，她便辞了职，在家专职带孩子。渐渐地，她发现自己原本丰富的世界渐渐萎缩了，她和工作繁忙的老公共同话题越来越少。老公回到家，她只能用贫乏的言语向丈夫描述贫乏的生活，琐琐碎碎，絮絮叨叨，老公对她越来越不耐烦。

她变得很恐慌，生活苦闷，不知不觉间，她的世界缩小到了只剩下丈夫、孩子和家长里短。她很想恢复以前的状态，可是现

> 无论性别如何,我都要做自己想做的事,成为自己想成为的人。

在她有两个宝宝要照顾,已经不得不囿于这小小的家庭。

台湾作家朱天心的小说《袋鼠族物语》里,这样描述生过孩子后从此以孩子为生活重心的妈妈们——她们连计价的货币单位都和我们不一样,她们常以一瓶养乐多、一桶乐高玩具、一打婴儿配方奶粉,来代表我们所使用的两块钱、一百块钱和她先生十分之一的薪水。

她们在语言沟通上逐渐丧失能力。因为,三四年来,大多时候一天二十四小时,她的会话内容都是"宝宝哪,要不要吃奶?""谢小毛,你怎么又便便在尿布里了"。她的词汇早已退化到"汪汪""果果",常常一星期里她说过的大人话,仅仅是跟收水费的说:"水管是不是有漏,怎么可能那么多钱?"

但愿,这不是每一个女孩子的最终命运。

我并非是想标榜事业成功的女性,也并非想贬低在家做全职太太的女性。我只是希望,有一天,那些成为家庭主妇的女性,都是出于完全的自愿,而非受到他人或形势的胁迫。并且,倘若有一天,她们想重回职场,争取家庭和事业的双赢时,也可以不受任何束缚。

"女孩子学历太高了,嫁不出去""女孩子不要有野心""女孩子的人生意义，就在于经营一个幸福的家庭"……这些话，我统统不信。别人的评价，我只当是个热心的建议。我的人生，还是要按照我的意愿来活。

我是女孩子，那又怎么样呢？作为一个女孩子，我和男生一样，希望能痛快地花自己努力赚来的钱；希望自己的能力和才华被别人认可、受别人尊重；希望自己想要的未来，能靠自己的努力来创造；希望嫁人是因为爱情，而不是把自己的命运寄托在另一半的运气上。

我不希望任何人以性别为由，扼杀我人生的可能性。无论性别如何，我都要做自己想做的事，成为自己想成为的人。我不要活成"女孩子该有"的样子，我只想活出我自己喜欢的样子。

我们为什么要相信美好的东西

文·李月亮

这世上，悲观的人很多。他们总觉得，凡事往坏处想，才会对坏事有应对能力，才不会遭遇突如其来的打击。这当然有道理，但这个悲观，应该建立在客观的基础上。事实上，大部分人是过于悲观了，而正是由于这份悲观，导致了坏结果。

其实，一个人能不能过得好，一定程度上取决于他相不相信自己能过好。因为相信是有力量的。你相信自己是什么样，你就很可能活成什么样。

1

初中时，我和父母去一个远房姑姑家串门。姑姑家境不太好，我们一进门，她就讲起了烦心事：姑夫醉酒后骂她，大儿子该订婚了,但她家根本付不起彩礼;二儿子初中毕业一直没找到合适的活儿干;家里穷得年三十儿的饺子都没舍得放肉,打三个鸡蛋凑合了……

我看着姑姑一脸悲苦,心里特别替她发愁,几乎掏出压岁钱来给她买肉包饺子。这份愁,一直印在我脑海里好多年。直到去年,我妈有次告诉我:"你姑姑的房子拆迁,补偿了三百万,现在她可有钱了。"我莫名觉得心里一块大石头放下了,欢快地说:"太好了,这下姑姑可美了吧?"妈妈摇头:"也没有。"

没多久,姑姑来我家串门,脸上没一点喜气,还是写着一个大大的"愁"字。坐下来,她还是诉苦:"两个儿子为了钱打架;姑夫把钱借给了不靠谱的人;大儿媳妇平白给了娘家三万块;二儿子投了四十万做生意,也没看到赚回来多少……"总之,虽然吃上肉了,但吃得一点也不香。

我听着,又开始替她发愁,只是又隐隐觉得不应该愁。后来我妈跟我分析说,其实姑姑家以前也没那么苦,但她好像就那样的心态,就是觉得日子过不好。比如以前她说付不起儿子的订婚彩礼,其实他们最后没给多少,也照样把媳妇娶进门了。说年三十儿的饺子没放肉,其实她买得起,只是舍不得放。当时她家俩儿子都成年赚钱了，日子还是说得过去的。

还有这次，她说二儿子投了四十万的生意，刚开始做，当然不会马上有太大盈利，赚钱的时候还没到呢。姑姑就是太悲观、太没信心，总觉得什么事都没好结果。不是日子真的苦，而是姑姑心里认定了日子就是苦的。不是真过不好，而是她发自内心地相信不会过好。于是本来不苦的日子，也过得分外愁苦了。

一个朋友说：有些人，有钱没钱都过不上好日子。可能真是这样。如果一个人对生活的心理预设就是"苦"，对所有事情的预期都是"坏"，那么就算日子不苦不坏，他也必然会沉浸在愁苦里。

2

曾经有个高富帅的男同事，是典型的花花公子，女朋友嗖嗖地换，换得我们眼花缭乱。

有次我问他："这么多姑娘，就没有一个是你特别满意，想跟她长久交往的吗？"他说："没有，因为总是相处没多久就发现她们根本不爱我。"我说："不是有个高个子姑娘对你很好吗？

你都又换好几轮了,人家还给你买礼物,还哭着给你打电话,我觉得她对你是真爱。"他说:"姐你真逗,这世上哪有真爱啊,她找我就是图我钱,我心里明镜似的。"

这个玩世不恭的家伙,到现在还没结婚,我想他是还没有遇到真爱。可是,一个不相信真爱的人,会遇到真爱吗?恐怕遇到了,也会觉得对方是图他钱、图他帅,于是并不珍惜,也不做长久打算,然后受到轻慢的姑娘就受了伤,不得已收回真心,忍痛撤退。

你不相信她爱你,她最后就真的不爱你了。

3

以前看过关于狼孩的故事:人类的幼儿,被狼掠去抚养,于是就养成了狼的习性,白天睡觉晚上活动,怕水怕火怕光,不吃素食,吃肉也是放在地上用牙齿撕开吃,每到午夜就像狼一样引颈长嚎。就算后来回到人群中间,狼孩的这些习性也很难改变。因为他骨子里就相信自己是一只狼,就应该像狼一样生活。

虽然他本质上是一个人,但他不相信,自然也就没办法活得

> 很多时候都是这样：你相信什么，就会看见什么，就会遇到什么，就会成为什么。

像个人。我想，可能世上很多人也是这样，因为错误的"相信"，而活成了不该成为的样子。

一个能力很强的人，因为相信自己是弱者，就照着弱者的方式生活，最后真的成为弱者。一个很有才华的人，因为相信自己平凡，才华得不到提升和展露，最后就真的变得庸常。

4

很多时候都是这样：你相信什么，就会看见什么，就会遇到什么，就会成为什么。

你相信日子过不好，日子就很可能真过不好。你相信世间没有真爱，就很可能遇不到真爱……你的相信，未必一定应验，但常常对结果有重大影响。

你相信一株花会开，就会愿意悉心浇水施肥，最后它可能就真的开了。你相信这花不会开，就懒得管它，任其自生自灭，最后它可能就真的开不成。

你相信一份工作有意义，就会尽职尽责、全力以赴，就比较容易获得收益，这工作就真变得有意义。你相信这工作没意义，就潦草敷衍、三心二意，即使赚不了多少钱，也得不到提升，这工作就真没意义了。

事情的结果通常都不是注定的，有无数可能性，关键在于你朝哪个方向走。而你的认知决定了你的意志，你的意志又指引着你的行为，你的行为就决定了你的生活。

因此，如果你想要得到什么，只要是现实可行的愿望，就应该相信自己能得到。你的信念应该与愿望保持一致，这样才可能心想事成。所谓信心，就是一颗相信的心。它会给人勇气，给人力量，给人耐心。

所以，我们要尽量去相信美好的东西——相信真爱存在，相信生活很精彩，相信他人的善意，相信自己的能力，相信努力有意义，相信事情会变好，相信幸福会来敲门……

这些美好，你越相信，就越接近。

你可以哭，
但别哭太久

文·李月亮

儿子上幼儿园小班，我去参加他们的期末公开课，几乎所有小朋友都学会了些简单的汉字和英语，羞怯或热烈地给家长们展示。只有一个小男孩，始终不参与老师的活动，那些汉字他也完全不认得，快下课的时候，他开始大哭，赖在他妈妈怀里不肯离开。后来我听他妈妈说，那个小男孩始终不适应幼儿园生活，每天都哭，从上学哭到放学。

这让我想起了电影《让子弹飞》。开头一段，县长葛优吃着火锅唱着歌去赴任，路上被姜文劫了，姜文把他五花大绑，定上闹钟让他交代情况。葛优大哭，姜文毫不客气地制止他："哭也算时间！"葛优无奈，乱七八糟地交代了。

哭也算时间。这是世界的残酷规则之一。

我不知道多年后那男孩能否明白这个道理：当你在因为各种

不适和不快，绝望哭泣的时候，别人已经在学英语、交朋友、掌握社会规则……没有人等着你。你可以哭，但是除了一时发泄以外，这只会让你在未来面临更多难题。你本已落后于人，却又因为哭泣浪费了更多时间。哭过之后，你要花费几倍于别人的精力才能赶上去，甚至，就赶不上了。

我有个怨愤型的朋友，不知为何，她的生活里处处都是磕绊：跟公婆相处不好，莫名其妙被老板辞退，买个水果也缺斤短两……。她对她的人生极其不满，每次见面，她要说几十遍："这都什么人啊""这什么社会啊""太让人伤心了"等等。跟她在一起，你会不自觉地被浓烈的负面情绪笼罩，感觉整个天地都是昏暗的，这让人很不舒服。所以后来，我尽量减少了和她的接触。而在这之前，她的朋友其实就已经少得可怜了。

不知道有多少人，在遭遇不幸的时候把罪过推给他人或社会。没错，这样的社会确实问题一大堆，但当你只能靠指责它来自我救赎，你就注定要完蛋了。

社会就是这样的社会，激烈抢位，复杂艰辛。但我们逃不过它。

每个人都命中注定要在这样的社会上奔跑，而且很可能有

> 你面对不幸的态度，就是你对人生的态度，而你对人生的态度，决定了你的幸福指数。

人起点比你高，有人跑得比你早，有人装备比你好；在跑的过程中，你还会被人撞一下绊一下，甚至被人故意推倒了踩两脚。但是不管怎样，你必须迅速调整好自己，寻找最适合你的方式和对你最有利的支持，继续全力以赴地跑。如果你非要停下来哭闹咒骂，或者拉住撞你的人吵架算账，结果只有一个：你会被越来越多的人甩在后面。

挫折和不幸是每个人的必修课，当你恋爱遇挫，当你工作不顺，当你承受了天大的冤屈，你完全有理由哭泣、抱怨、指责。但是一定要知道，哭也算时间的，如果你把太多时间用来哭，那么生活一定会对你哭。

你面对不幸的态度，就是你对人生的态度，而你对人生的态度，决定了你的幸福指数。

"笑对人生"的确不容易，我们也喜欢说男人哭吧不是罪，女人哭起来有别样的美。但是，你若想拥有更美好的人生，就必须学会在疼痛中咬紧牙关挺身向前，在绝望里使尽解数寻找光亮。

亲爱的，你可以哭，只是别哭得太久。

不在别扭的事上纠缠

文·马德

1

不要在一件别扭的事上纠缠太久。

纠缠久了,你会烦,会痛,会厌,会累,会神伤,会心碎。实际上,到最后,你不是跟事过不去,而是跟自己过不去。

无论多别扭,你都要学会抽身而退。从一处臭水沟抽身出来,一转身你会看见一棵摇曳的树,走几步,你会看见一条清凌凌的河,一抬眼,你会看见远处白云依偎的山。

不要因为一条臭水沟,坏了赏美的心境,从而耽误了其他的美。

2

你可以受伤,但不能总在受伤。

也就是说,在生活中,你可能会遇到误解、冷遇和不被尊重,也可能受到排挤、压制和打击报复,还可能遭逢不公、陷阱以及暗箭冷枪。是的,你要做好受伤的准备,因为,受伤,也是生活的一部分。

如果,你总在受伤,一定是太在乎自己了。有时候,太把自己当盘菜,原本就是人生一道难以治愈的暗伤。

3

我相信,这个世界已经抑郁和正在抑郁的人,内心都是柔软的。

这种柔软,一半是良善,一半是懦弱。

当一个人打不赢这个世界,又无法说服自己时,柔弱便成了折磨自己的锐器,一点一点,把生命割伤。

恶人是不会抑郁的。是的,当公平和正义被湮没,当善良的人性和崇高的道德被漠视,当恶人可以为所欲为,这个世界,就成了制造抑郁的工厂。

4

我记得,好像是某大学的一次校庆,某电视台著名主持人去了。

当他青春的身影在舞台上出现,下面的学生高兴极了,狂呼他的名字。他突然不高兴了,脸色阴沉地看着台下。后来,学生们很快发现叫法有问题,转而喊他老师,他笑了。

我在电视机前看到这一幕,很不解,学生们直接喊他的名字,多么亲切,他怎么就不高兴了呢?

又一次,当我看到某个官僚对直接喊他名字的人如何面目狰狞出离愤怒时,我才明白了,一个人在某个高位上久了,就会有架子。

而架子,就是他们的尊严。

5

一个不把无知当无耻的人,心底里,是没有敬畏的。他谁也不服,一副老子天下第一的姿态。

在这样的人面前,你能说什么?只好无话可说。

白岩松的文章里,曾经提到过黄永玉的一幅画。那幅画上,黄永玉画了一只鸟,旁边写了几个字:"鸟是好鸟,就是话多。"

如果,你想珍惜自己的羽毛,你就必须要知道,在某些场合,你的沉默,其实是对自己多么深沉的尊重。

6

我喜欢泰戈尔的这句诗:"世界以痛吻我,要我报之以歌。"

如果颠倒其中的两个字,这句诗,就突然多了大胸怀、大气度:"世界以痛吻我,我要报之以歌。"

你说,一个人若能这样活在这个世界上,多难的路,不被轻松走过?

请珍惜这平凡的生活

文 · 丫头的徐先生

有一年,我一个兄弟刑满释放了。我和他在路边的烧烤摊喝啤酒。他说,你不知道坐牢有多痛苦,我宁愿在外做最苦最累的活儿,也不愿再进去了。我敬他一杯酒,祝他重获自由,愿他从此光明磊落、善待生活。

但几年过去了,他并没有变好。他没有一份正当的工作,游荡在大街小巷,开着面包车去赌博,拿着刀寻衅滋事。他的眼睛里是暴戾、是不安。我说,离你之前的想法越来越远了,离你厌恶的监狱越来越近了。他说,没办法,做不了其他事,只能吃这口饭。

做不了其他事,其实是不愿面对平凡的劳动和生活,在利益和享乐的驱使下,又铤而走险,重蹈覆辙。可是兄弟,你忘记了曾经的伤痛,忘了你刚自由时发自肺腑的感慨。

> 这世界不止眼前的苟且,还有远方和诗。

每个人的命都掌握在自己手里,而这是你的道路。

没有十全十美的生活,好像总是要事与愿违,总是要反复折腾,总是要默默付出,总是要耐心等待。

十七八岁的时候,偷偷看心爱的人,写一封信,说一句话,内心都悸动不安。憧憬着未来,幻想着爱情,可是又得把自己埋进题海,睡得比狗晚,起得比鸡早,为高考竭尽全力。我们穿着一模一样的校服,都是一张张素面朝天的脸,从没有电影里那般夸张和精彩。但这就是我们的青春,它只有这一次,波澜不惊也好,念念不忘也罢,它真实美好,一去不返。

刚入大学的我们,像是获得了自由,光明正大地恋爱,通宵达旦地喝酒。我们迷茫又肆无忌惮地挥霍着青春。快毕业的时候,才知道自己恍恍惚惚地过着日子。有的同学准备考研究生;有的同学参加了公务员考试;有的同学工作有了着落。而自己好像后知后觉,晚了一步。

人生还没到垂垂老矣,所以我们不应该安于享受、停止向前。多学一门技能,多看一本书,即使这生活平凡无奇,我们也得去珍惜,去努力改变,让自己充实。

工作了,你固执地留在大城市,起很早,把自己埋没在人潮拥挤的地铁,踏踏实实地完成老板交代的任务,小心翼翼地面对骄傲的客户。报表、方案、例会、业绩,每一项工作都让你费尽心思。有同事提拔了,有同事辞职了,而你在平凡地坚持。

结婚了,你走进菜场,看那些五颜六色的蔬菜,计划着今天吃什么。你买了新鲜的排骨,打算为爱人煲一个汤。你们在一起享受一个周末,去郊外看看被遗忘的四季,读一首诗,看一部电影。发奖金了,你给爱人准备一份礼物,给父母汇一笔钱。

第一次做了父母,生命里又多了一个人。大部分时间你都在平平淡淡地过。只是偶尔,一些美好的事物悄悄降临,他们让你喜悦而幸福。

有时候,喜新厌旧并非一件坏事。买一个最新的手机,换一个最潮的包,我们有这个善待自己的权利。而对待身边的人则不可以。

多少人曾爱慕你年轻时的容颜,可是谁能承受岁月无情的变迁?皮肤会松弛,头发会花白,睡思昏沉,皱纹爬上额头。时

> 诗,是面对生活的态度,是安顿内心的良药。
> 心中有爱,善待生活,就会有诗。

间残酷,它把你我朝着衰老的路上带。我们毫无办法,但却得面对。

贫贱之交不可忘,糟糠之妻不下堂,愿我们敢爱如当年。

总有人飞黄腾达,总有人默默无闻。而幸福的本质不应该完全建立在经济基础上,它更多是内心的感受,是爱一个人的胸怀,是静默如初的陪伴。

有人说,这世界不止眼前的苟且,还有远方和诗。于是有人觉得:辞职吧,去远方吧,做自己想做的事,开始新的生活。

可是,谁说眼前的就是苟且?我们活在这世上,绝大部分人诚实劳动,合法经营,靠自己的双手养活自己,何来苟且之说?我们努力奋斗,买自己想要的包,爱自己所爱的人,谁的生活不是如此?

而诗,是面对生活的态度,是安顿内心的良药。心中有爱,善待生活,就会有诗。

漫长的人生路,我们好像要走很久才到终点。可是细算下来啊,活100岁,这一辈子也才三万多天。

你走在大街上,阳光洒落你的肩头,风从远方赶来拥抱你,你爱的人也在你身旁。你没有失去自由,你还是年轻的容颜,你还有很长的路可走,还有很长的思念可说。这就是平凡的生活。

唯有珍惜,因为一切都是馈赠。

嘿，
你要遇到很多人哦

文 · 陶瓷兔子

我家妹妹去上海实习一个月回来，委屈地哭诉："我再也不想离开家了，以后找工作也要找本地的，工资不高也没关系，只要人际关系简单，我吃土都愿意。"

细问之下，才知道这个还没出象牙塔的丫头受了多少"委屈"：被邻桌的大姐嫌弃衣服款式老土，影射她是小城市走出来的小家碧玉；被腹黑的同事抢走了辛苦好几天做出的设计效果，不仅换不来一句谢谢，报告会开完之后一改之前对她的嘘寒问暖百般殷勤，一副冷脸扬到了天上对她爱理不理；奇葩的老板因为她迟到了三分钟训斥了她两个小时，从个人生活习惯论证到当代大学生的思想觉悟。

她颓然地瘫在沙发里，带着微弱的哭腔，"你们总说让我趁年轻多开开眼界，可是为什么混社会这么难？"

前些天看到一则新闻,在话剧《水中之书》的演出中,主演何炅还没说完自我介绍,就有一位大妈冲上台去对他又捶又打,长达一分钟之久才被反应过来的工作人员拉走。而何炅回到后台做了十几分钟的调整后重回台上,只说了这样一句话:人的这一生,会遇到形形色色的人,像我这样的人早就习惯了。

没有指责,没有惊恐,没有不满。何炅能做到如此,正是因为他经历过太多。从1998年加入湖南卫视做《快乐大本营》,应付无数的嘉宾、观众,以及自己的同事,在复杂的人际关系中摸爬滚打,才修炼出了一身处变不惊的好素养。

他曾在一次访谈上说,是他遇到的人,成就了他,无论好坏。

遇到柔软,变得更加温和;遇到赞同,变得更加自信。遇到反对,变得更加坚定;遇到苛责,变得更加宽容。

我有一位赴德留学的好友,刚去的时候每一天都是满满的抱怨。抱怨严苛的房东十点以后就不让她用厨房,抱怨刻板的教授因为一个错别字打回她整篇论文,抱怨每个人都像上了发条一样的精准和固执,抱怨因为语言能力受到德国学生的歧视没有人愿意跟她一组。

"我真是后悔出来这一趟,"她这么说,"宁愿待在小镇里等死,也不想每天都受这样的折磨。"

可逐渐地,她抱怨的越来越少,或许是已经习惯了,或许是太忙。

有次过年的时候我们聚餐,侍应生不小心将桌上的果汁碰翻洒了她一身。以她之前的暴脾气,不可避免地会爆发一场争吵,可那天,就当我们做好了劝架的准备时,她却笑嘻嘻地对着满脸通红不停道歉的侍应生说:"别紧张,我洗一下就好了,不需要你赔的。"

"怎么,出国一趟转性了?"大家纷纷打趣道。

"奇葩的人和事遇到多了,也就不再计较了。"她笑笑,"我自己也在餐厅做过兼职,自己失误了,遇到刁难你的人你得忍着,但是遇到一个肯放过你的人,真的是一整天都会变得不一样。"

"就是那种……被世界伤害过又被温柔相待的感觉吧。"她说。

当年的敏感、执拗褪去不再,取而代之的是淡定和从容。

"自己"这个东西很奇怪。它是看不见的,你需要撞上一些别的什么,人也好,事也好,才能真正地了解自己。你遇到的每一个人都会塑造或是折射你的一个方面,结合起来,那就是完整的你。

他们会让你痛苦,让你哭泣,让你恼恨;他们会让你感动,让你开心,让你温暖。而我们是在理解了他人的时候,才可以真正地理解自己。

每一个细微的感受,以及它由何而生,希望带给别人什么样的感受,又要如何去做。这些东西是你看一千一万本教你如何说话、如何为人处事的书都达不到的。

从简单纯粹的象牙塔走出来,走进这个鱼龙混杂的社会,遇到一些不好不坏的人,经历一些喜怒参半的事。既是历练,也是福祉。

二十几岁的时候遇到什么人,真的会影响一个人的一生。他们融入在你的气质里,融入在你的眼界里,让你不再草木皆兵,不再大惊小怪。让你因为见多所以淡定,又因为识广得以从容。

他们让你看到这个世界,又从世界里看到自己,因为看到了更多的可能性,才明白自己想要成为什么样的人。

我们害怕跟人交往,是惧怕复杂,惧怕伤害,怕看到人与人之间的不同，让我们怀疑自己的完美。

可是，比舒适更重要的，是一个人的成长。所有杀不死你的，都会让你更强大。

要遇到很多人哦，要用心跟他们交往哦。每一个人带给你一个未知，每一个人都是一颗星球。

我希望你挑选朋友是因为彼此可以毫无障碍的沟通，并不仅仅是由于"反正也没有别人可以做伴"。也希望你认准的对手，有值得你学习超越的优势，而不仅仅是"看他不顺眼"而已。

我希望你选择的恋人，是所有人选中你最喜欢的那个，而不是还未见过巫山和沧海就匆匆将就自己的一生。

愿你遇到很多很多的人，并能从他们中认清那个完整、真实，又优秀的你自己。

有趣，即是最大的才情。

如果一个人,
失去对美好的感知、对生活的喜悦,
那跟木乃伊有什么区别?

我爱马，
爱花，
爱粗陶，
爱这些有生命才能懂得去爱的东西。

——三毛

你最漂亮的样子,是对生活温柔。

最好的生活
是从柴火堆里开出玫瑰花

文 · 菀彼青青

不知道在你身边有没有这样一类人：明明正值蓬勃热血的年纪，处世却冷漠淡然；明明长着一张清嫩光洁的脸，行事却老气横秋；你赞美他，他云淡风轻，顶多微笑说声"谢谢"；你不喜他，他更加不会在意，直接视你为空气中的尘土颗粒，半点遮不住人家的眼。

其实原本他也不是天性如此。他或许曾经是个口喊着"永远年轻、永远热泪盈眶"的艺术青年，或许曾经是个以梦为马一只行囊独行天下的热血背包客，又或许曾经是个一碗泡面一支笔可度岁月可堪情的文字爱好者。

可人生有几个尴尬的字眼，大多数人都逃脱不过，比如成长，比如成熟，比如看透，比如世事。

这几个字，初眼望去，有着一股春华秋实的平和饱满之感，可以让人瞬间联想起成功男人西装领带的特异美感,以及晚风中女子一头银色卷发下若隐若现的迷之笑容。

但倘若你细细品来,就会发现这些字眼中暗含着不可言喻的摧毁感和破坏性。它们毁掉的,是一个人青春时蓬勃繁盛的兴奋点和曾经于电光火石间便能熊熊燃起的欲望之火。

渐入烟火俗世的他们,总是一副满不在乎的表情,开口便是"随便吧",或是"还行吧",仿佛这个世界没有什么能吸引他们的注目。

每人心中都曾经有一朵玫瑰,它艳惊四座、绝代风华,在小小的花园角落傲娇地肆意绽放。然而世间往往会扬起一场又一场不知由来的大风,将满目的玫瑰花瓣吹成一地鸡毛。

如果世间的成熟和随俗,是以不断降低生活里对喜悦的感知力为代价,那么这种破乱不堪,真是不要也罢。

我身边就有这样一位朋友。十年前青春正盛的他,是个不折不扣的文艺青年。那时他二十岁,穿过膝的风衣,满头长发,在小镇上属于特立独行的人群。他在某个铸造公司做质检员,每天凌晨四点起床,在音乐的陪伴下兴奋又孤单地写着他的理想。短短几年,他写下四五部长篇青春小说和一百多首优美的诗歌。

他也很有灵气,早起滴露的一朵野花,墙角里避风的安静花猫,青石街角偶尔响起的车铃声,都能令他心生喜悦,百般有感。

他说,如果一个人,失去对美好的感知、对生活的喜悦,那跟木乃伊有什么区别?

然而十年后回家乡再见到他,往日清瘦的少年已是大腹便便的工厂部门领导,开口便是淡然敷衍的客套,动辄便是请客吃饭、KTV桑拿的轻车熟路,迎面而来的腐落气质令人觉得他仿佛身中世俗的毒瘴。

如今的他,没有热情,没有悲欢,即便听说升职加薪,仿佛也是一件与他无关的事。他说自己在午夜也会偶尔对着窗外的暗蓝天空心动,也会惊喜于一颗星的明暗,但是更多时刻,他却只能任由无力感肆意攀延。于是,手中的遥控器摁了又摁,最终茫然睡去。

十年的光阴,他功成名就,家庭美满,只是,他不再有心动,不再有惊喜,他活成了自己曾经最不喜欢的那种人,他成了自己口中会呼吸的木乃伊。

> 若你有足够的热情、足够的用心和足够的善意,你就一定能拥有全世界最惊艳的那朵玫瑰花。

这个世界最美好的事,莫过于可以从最平凡的柴火堆里变出玫瑰花。

我最近认识的一位年轻妈妈,就是拥有如此美好品质的人。她是全职妈妈,工作就是照顾孩子、洒扫烹茶,顺便为男人擦亮每一双皮鞋。多么熟悉的开场套路,你会觉得这将又是个标准的怨妇生成记。

但她不是怨妇,她是所有人的开心果。她整日嘻嘻哈哈,早中晚三次写日记,记录生活中的开心事。她为全家准备的三餐,不知用了什么魔法,居然花红柳绿色香味俱全。

她带着三岁的儿子去捞鱼,却开心地逮了一瓶泥鳅;她穿着亲子服去逛街,与儿子一人一根冰棍在大街上啃;她突然想出去旅游,便留条给老公,开车奔出百里,然后忽觉兴致尽了,未到目的地便又开车回来。

前不久,她在朋友圈连发了几个哈哈大笑的表情,然后写道:"抢了儿子的棒棒糖,好甜好幸福!"

看惯了皱眉叹息感慨的失落,便会觉得快乐是如此难得。她三十五岁,没有工作,却活成了这个世界的一道光,吸引着所有的美好。

生活本身是没有色彩的，你将它涂成灰白，它就赠予你冷清淡漠；你赋予它彩虹般的颜色，它就还你一根甜甜的棒棒糖。在日复一日的鸡毛蒜皮中，你或许忘了你原本还拥有变出玫瑰花的魔法。

我经常会听见朋友跟我说："我好像进入了一种怪循环，日子好无聊，无论怎样都不开心。"

情绪这个东西，偶尔也会感冒发烧，但它远远没有严重到必须去看心理医生的地步。大多数人缺乏的，可能只是对喜悦的感知力而已。而这种缺失，有时是岁月疲长后的看透世事所致，有时完全是成长中的自我暗示，有时却是被妖魔化的情商所致。

在图书馆偶遇了一位由妈妈领着来读书的小男孩。他手里捧着连环画，趴在桌子上偷偷看我，我对他招手，待他坐过来，一页页翻书为他读童话。全程，他紧紧依偎着我，高兴得手舞足蹈，有着抑制不住的童真。

回家途中，同伴责怪我："你情商太低，男孩的妈妈就坐在对面，你难道不怕被当做拐卖小孩的坏人？"

我对她嗤之以鼻。如果情商是要割断自己与这个世界的热情亲近，变得百般顾忌各式猜度，以至于将自己变成一个冷漠的人、刀枪不入的人、失去感知力的人，那么此种情商不要也罢。

这个世界有很多不公平，但有一点是公平的，那就是无论贫穷或是富贵，无论健康或是疾病，都要在世俗的烟火气中走一遭。若你无法用热情去感知喜悦，便只能收获忧伤；若你无法用真心去感知爱情，便只能收获孤单；若你无法用笑容去感知岁月，便只能收获没有声响的衰败。

可是，若你有足够的热情、足够的用心和足够的善意，你就一定能拥有全世界最惊艳的那朵玫瑰花。

那是在生活的柴火堆烟火气里绽放的玫瑰，你的独一无二的玫瑰。

你最漂亮的样子，是对生活温柔

文·王琚

女儿刚上高中的时候我去开家长会，认识了她的几位任课老师，回家后女儿说："老师们都说我为什么不能像你那样温柔，倒是像个女汉子。"我回答："你现在还小，我像你那么大的时候也不知道温柔是何物，任性而为，在青春里暴走。长大了就会变得温柔，因为读的书多了，看的世界多了，心就宽了，眼界就远了，温柔其实是残酷生活给予我们的礼物。"

女儿上大学以后，我对她说："现在应该让我在你身上看到温柔的影子了，如果没有就不是年龄问题了，而是你没有真正开始成长。"女儿回答了一堆，看似有道理其实全是借口，总之她觉得她一次只能干好一件事。我说："温柔不是事，而是你面对外界宠辱的一种态度，缺失了这种成长，我不认为你可以做好现在想要做好的事。"我们所有外在的强悍与粗糙，都是内心

> 爱情是疯狂的,婚姻是琐碎的,温柔是永恒的。用温柔
> 为爱情掌舵,为婚姻添彩,日子就会越过越顺心了。

脆弱的真实表现;而内在的强大与淡定,外在的表现都是温柔与风度。

我在自己和女儿的成长中,更加了解到渐渐温柔的过程和意义。你可以在这样的过程中触摸到人心柔软处的温暖和坚强,为了你坚持的东西可以最终实现。成熟是成长的驿站,路或许还有很长,温柔的你却已经拥有了一往直前的力量。我的母亲一生温柔,从不用激烈的情绪表达愤怒或是不满,但谁没有想不开或是挺不住的时候?偶尔问起母亲,她说:"对不相干的人不应该愤怒。不会好好说话,总看别人不顺眼,都是自己缺失教养。对亲近的人则更需温和有礼,如果对外讲究、对自己人却放肆,才是做人的失败。"生活中太多在家当大爷、在外却当孙子的人,说起来都是"身不由己",却让最亲最爱的人看到自己最丑陋的脸和脾气。我们总以为会被亲人和爱人原谅,却从来没想过是伤口就都会留下疤痕,每每看到,每每黯然,再宽厚的心也很难了无痕迹。

你想要看看自己最丑陋的样子,那就在愤怒过后、吵闹过后、嫉妒过后、哭泣之后照照镜子,那里会有一张扭曲变形的脸和一颗贪婪胆怯的心。没有人会喜欢你的那副样子,再爱你的

人，久了也会心生厌倦。我为琐事烦恼也有吃不下睡不好的时候，第二天照镜子简直就是触目惊心，自己都开始讨厌自己。所以我学会为了颜值也要控制情绪，为了活着的体面也要挺住不哭泣，为了自己的腔调也会咽下不诉说。

如今即便是在爱我的男人面前，我也绝不会让他看到我不漂亮的样子。于是慢慢地和颜悦色，渐渐地温柔有加，很少再被激怒而用发脾气小题大做。再后来这就成了我生活的常态，一直好好说话，一直柔声细语，我终于觉得自己像妈妈了。偶尔再有让他担心的时刻，我也会尽快调整。他忙完工作赶回家陪我的时候，我已经化了淡妆换了裙子，坐在咖啡馆等他了。我说："高兴的时候在家里等你，不高兴的时候就在咖啡馆里等你。"我时时刻刻都要活得漂亮一点，那样我身边的人也会觉得幸福和安心，这不就是最好的回报吗？

爱情是疯狂的，婚姻是琐碎的，温柔是永恒的。用温柔为爱情掌舵，为婚姻添彩，日子就会越过越顺心了。有时候，我们不懂，是自己掩耳盗铃或者伤得不够深。我不是在描绘童话里的世界，我只是用文字在诉说我们凡俗的生活，至于我们最终把生活过成了什么样子，完全是我们自己的问题。你想要就自己去努

> 如果你越来越冷漠,你以为你长大了,其实没有,长大了就应该变得温柔,对全世界都温柔。

力,如果你先因疲惫而放弃,就不要说爱情是谎言、婚姻是沙漠、幸福是童话。其实,没有生活,没有情感,哪来的童话呢?

即使所有的情感被冷漠冰封,那冰封下也涌动着生的希望;即使所有的爱情都以悲伤落幕,那悲伤中也有我们自己知道的美好;即使所有的婚姻都是沉默的,那沉默里也有我们彼此付出的深情。这世间最大的幸福与最深的伤痛,都源于那一个"爱"字,而温柔可以将幸福无限地延长,可以将伤痛安静地抚平。温柔是这世间最优秀的品质与修养之一,如果我们不能对亲人和颜、对爱人悦色、对朋友体谅、对老幼尊爱、对鳏寡孤独予以关注照顾,我们就都欠缺完整的人格。

我们成不了伟人,当不了英雄,但可以用温柔去成全"我本善良"这一句最平实的人性表白。我们也许不能用温柔留住永恒的爱情,却可以用温柔将我们的爱永久地保鲜,任何时候开启,都芳菲诱人。温柔永恒,眼睛里可以流淌出款款的深情,没有语言也会在瞬间将你温暖地包围,举手间可以流露出深深的牵念,没有声息却能够暗香缠绵。

如果你越来越冷漠,你以为你长大了,其实没有,长大了就应该变得温柔,对全世界都温柔。看到别人看不到的美好,听到别人听不到的花开，历经了岁月的风雨，那种温柔依旧无所不在，陪伴自己的孤单，抚慰别人的魂灵。生活中只有一种英雄主义，就是在认清生活真相之后，依旧热爱生活。

无论我走到哪里，那都是我该去的地方，经历一些我该经历的事，遇见我该遇见的人，无论结果如何，我都会温柔相待，因为我要给生活一个最漂亮的我。

你那么爱跑步，一定很优秀吧

文·愈姑娘

1

昨晚跟一个朋友聊到跑步的话题，她说，跑步可以带来好运。她在大三下学期坚持了半学期的夜跑。很快，由于经济原因，不得不去找兼职赚生活费。她很容易就找到了一个报酬丰厚的家教兼职，接着又找到了一份不错的工作。

她觉得自己如此幸运是因为跑步。跑步让她精神焕发，浑身充满正能量。这也许就是传说中的"磁场"，当一个人的"磁场"是正面的，自然能吸引到好的事物。

好运姑娘现在仍然坚持跑步。她把自己的幸运归功于跑步，其实好运不过是努力的另一个名字。

2

闺密的同学，S姑娘，胖嘟嘟的脸蛋，虽然一口气能吃下三个甜筒，但她是个长得很可爱的小胖子。上大学后，她交了一个男朋友，刚开始卿卿我我，甜蜜得能流出油来。

几个月后，男朋友居然劈腿了，对象并没有S姑娘可爱，但是比她瘦。S姑娘受打击了，甜筒不吃了，夜宵戒了，买了一身装备开始夜跑。每天晚上简单粗暴地跑跑跑，刚开始即使跑一圈都要她半条命，但是一天、两天、三天……坚持跑，慢慢地，S能跑两圈、五圈、十圈，运动量不断加大。

三个月后，S姑娘小了一个号，脸蛋依旧可爱，但紧致了不少，痘痘也少了，感觉眼睛也变大了，居然能穿得下均码的连衣裙了。

更重要的是S姑娘整个人的精神足了，神采奕奕的，追求者也开始多了。不知道的人真以为S姑娘去整容抽脂了。S姑娘的变化，不过是管住嘴、迈开腿。

想起另一个朋友为了减肥坚持晨跑三个月，不仅收获了更匀称的身材，还收获了甜蜜的爱情。对象是每天坚持晨跑的阳光男

> 跑步带来的不仅仅是身体上的健康,更重要的是意志的磨炼。

孩,两个人都是跑第七道,因跑步结缘,相识相知相爱。

3

村上春树写过一本书,记录他跑步的许多随笔和感想。书中写道:"我写小说的许多方法,是每天清晨沿着道路跑步时学到的,是自然地、切身地,以及实务性地学到的。"

村上春树说,跑步和写小说一样令他满足。有人嘲笑他日日坚持跑步难道是想长命百岁?他却说:"不能长命百岁不打紧,至少想在有生之年过得完美"。

同样的五年、十年,有人稀里糊涂,有人生气勃勃,显然后者更令人满意。而这正是跑步的意义,让每一个奔跑的人感受到生命的燃烧。

很多人总是借口忙没时间跑步,村上春树坚持了多年的跑步,从来没有放弃过。就像他说的,每天跑步对我来说好比生命线,不能说忙就抛开不管,或者停下不跑了。忙就中断跑步的话,那我一辈子都无法跑步了。

坚持跑步的理由不过一丝半点,中断跑步的理由却足够装满一辆大型载重卡车。其实，跑步和任何事情一样，说到底，还是坚持。

4

许久没锻炼，感觉身体状况差到极点，"一言不合"就生病。上个星期我也开始夜跑了，今天是第七天。每天晚上花一个多小时去操场跑几圈，很享受那种挥汗如雨和肌肉微微酸痛的感觉。

最近状态很差，毕业了，心里却没有半点轻松，只觉得压力更大，任务更重。虽然跑步并不能给我带来一份好工作，但是每次挥汗如雨都让我透彻许多，给予我勇气和力量去面对未知的路。

另外，虽然才坚持一个星期，我却可以明显感觉到睡眠质量提高了。而我坚信，跑步带来的不仅仅是身体上的健康，更重要的是意志的磨炼。

有个名人说过："我未曾见过一个早起、勤奋、谨慎、诚实的人抱怨命运不好；良好的品格，优良的习惯，坚强的意志，是不会被假设所谓的命运击败的。"

  每个人跑步的初衷都不同,不管是为了减肥还是为了发泄,都终将在一次一次奔跑中收获闪闪发光的自己。

  有人问我跑步的意义,我的答案也是:为了成为更好的自己。

将生活中的一地鸡毛，
扎成漂亮的鸡毛掸子

文 · 微微一笑很倾墙

张蓓蓓是个高中班主任，是一个六岁男娃的妈，是两位老人的女儿，是两位老人的儿媳，是一个经常熬夜工作的男人的媳妇。张蓓蓓更是一个觉得自己整日生活在满地鸡毛中的女子。

清晨，张蓓蓓做好早餐后把娃叫醒，给娃穿衣、洗漱。昨晚嚷嚷着要吃粥的小家伙，清晨看见粥后突然变了脸想要吃包子。连哄带训斥外加讲道理，终于让挑剔的小屁孩把饭吃了。

看看时间发现上班快要迟到，没有吃早饭就下了桌。一路急行，中途接到老公电话说儿子的书包找不到了。张蓓蓓抓抓头发，强忍怒火，指挥老公去哪里找。来到学校，发现班长带着三个低着头的学生在等自己。她又急忙去教导主任那里负荆请罪，为自己班级同学出现的违纪行为道歉。之后的一整天，张蓓蓓又为同学们上课、批改作业，并成功劝好被学生气得愤怒的数学老师。

> 生活虽然一地鸡毛,但仍要欢歌高进。成长之路虽有玫瑰,有荆棘,但什么都不能阻挡坚强的心。

一天忙碌过后,张蓓蓓终于下班了。回到家后又跟老公因为到底去谁妈家吃饭而产生争执。晚上给儿子讲故事、陪儿子睡觉的重担,又都交给了她。这一切都忙完后,张蓓蓓走向卧室,把拖鞋甩开,扑到床上,静静盯着枕头,突然眼泪就流了下来。她心想,自己怎么就把生活过成了这样。

想当初抱着崇高的理想投入到教师行业中,立誓要做个完美的人类灵魂工程师,如今却每天都在搞定学生的日常琐事,而自己班级的同学还经常违纪。

结婚前想好的是夫妻恩爱浪漫,宝宝乖巧可爱,一家人其乐融融,但现在却总是被一些鸡毛蒜皮的小事缠身。现在的她觉得,现实与理想相差太大接受不了。每天异常疲惫,恨不得逃到一座只有自己的孤岛静静地歇几天。

生活就是这样,总是一地鸡毛。我们一门心思预设好的所有光辉、璀璨的未来都难逃"鸡毛"的命运。工作事务、同事关系、培育孩子、赡养老人、夫妻相处……我们总是被这些"鸡毛"搞得精疲力竭,被一些琐事弄得啼笑皆非,被一些烦恼压得喘不过气。

然而这就是生活,布满各种鸡毛蒜皮小事的烟火人间,我们存在于此,生活于此。

成年人的生活总是每天都独一无二却又大体重复。几天后，张蓓蓓被校长叫到办公室。校长说："小张啊，你爱人联系我说你呼吸系统有毛病还每天都吸粉笔灰，他想个人出资将你们班的黑板换成白板并承担以后每年墨水笔的钱。我想了想，为了全体师生的健康，决定把全校的黑板都换成白板，你替我谢谢你爱人想出这样一个好主意。小张啊，你可真幸福，嫁了一个这么疼你的男人。"

听到校长的话，张蓓蓓的两只耳朵都染上了红晕，腼腆一笑，心里像吃了蜜一样甜。一种叫做幸福的滋味像水波般在她心里一圈圈地荡漾开来。原本这几天一直陷在情绪风暴中的张蓓蓓突然就被老公的这一举动甜到心里。正如被琐事缠身心情低落时人们总会想起不好的事，被老公的行为感动到的张蓓蓓突然想起了许多生命中的温暖。

她想起自己的学生们身上散发的青春气息以及他们的善良单纯，想起老爸老妈以及公公婆婆对自己的疼爱、关心，想起宝贝儿子一声声甜甜的"妈妈"，想起老公总是半夜醒来为踢被子的她盖好被子、在睡眼惺忪中偷亲自己一下再睡。

张蓓蓓突然觉得自己能处在这种琐碎生活中是有多幸福。她生活在一个和平的国度，她有一个美满的家庭，她有一届届爱她的学生……她还有什么不知足？

　　小琐事、小愤怒、小感动、小惊喜相互交织，构成了每个平凡人笑泪横飞的烟火人生。被生活琐事缠身而陷入情绪风暴的我们，每当遇到一点点的小欣喜，之前的抓狂、愤怒都会消失不见。

　　生活总是像诗般抑扬顿挫，像山般高低起伏，像路般柳暗花明。有欢笑必然有泪水，有高潮必然有低谷。

　　无数的生活琐事、情感纠葛，构成了有血有肉、鲜活动人的生活。一地鸡毛的人生避无可避，但我们可以将这一地的鸡毛扎成一个漂亮的鸡毛掸子。

　　将那些恼人的生活琐事梳理成漂亮的人生印记，做出一件完美的作品交给人生。让琐碎的小事经过梳理成为宝贵经验，让苦难最后散发出成功的光芒。

　　《欢乐颂》中有一段经典台词："生活虽然一地鸡毛，但仍要欢歌高进。成长之路虽有玫瑰，有荆棘，但什么都不能阻挡坚强的心。"

　　当我们老了，坐在摇椅上品着茶，回忆着数不清的鸡毛小事，脸上一定是带着骄傲与自豪。看啊！人生，你给了我们那么多艰难、给了我们那么多"鸡毛"纷扰，我们最终还是向你递交了一个完美的作品啊。

学会爱自己，
是永远不会错的事

文 · 小木头

写文章需要找配图，我在电脑相册里翻从前的照片看，一下子穿越到了从前。

好多照片啊，有喝茶时拍下的小场景，有儿子吃着蛋糕开心的模样，有我在旅途中的剪影，也有我爱的那些花花草草带来的美好……看着以前的自己过得这么开心，我觉得好欣慰啊——我一直这么努力地幸福，这么认真地热爱自己、善待自己啊！

当你回顾来时路，看到的不仅是那些努力和艰难，还能看到自己对幸福锲而不舍的追求与热爱，感觉实在好极了。

厌恶自己的感觉，许多人都有过吧。青春期最盛，至少我是如此。大学之前，学习压力很大，加上中考不顺，那些年总有一团淡淡的阴影笼罩在天空上。

那时的自我厌恶特别清晰，时常在心底自我拷问：你怎么这么笨啊,你怎么考不出好成绩啊,你怎么总是让父母失望啊……父母师长的期望是诱因;但是对自己的认知不足、不够爱惜自己,才是主因。

十五六岁是最狂妄但也最容易否定自己的年纪,很多认知和判断都是靠外界来做出的。我们甚至不懂得应该爱自己多一点,不懂得告诉自己只要不放弃就可以变得更好,不懂得告诉自己现在没有达到那些目标也没关系……我们简单地以为必须要成为"别人眼中最好的自己"才是成功,却忽略了内心那个脆弱敏感的自己有时候也需要安慰和疗愈。

到后来,我成了学校里众人皆知的叛逆分子,对自己不认可的管教根本就是置之不理,真是令老师们头疼了一阵子。

喜欢一个人也很容易自我厌恶,尤其是当对方没有那么喜欢你的时候。

我曾喜欢过一个男孩,然后呢?我认为没有得到他足够的关注和回应,他不喜欢我,或者没有那么喜欢我。于是,这喜欢成了委屈的暗恋,而暗恋是最痛苦揪心也最容易让人自我厌恶的:一定是我不够好,所以他才不喜欢我啊!

自暴自弃的想法当然会一闪而过。放弃喜欢一个人非常难,但放任自己却很容易。在一段不适宜的感情里沉沦自己，也是在生活里时常发生的事情啊。庆幸的是，当时学业太重而我又好胜心很强，所以大部分精力都用在了学习上。

同样有个年轻的姑娘，暗恋一个男孩，但没有得到对方的回应，失望之余开始放任自己，变得贪玩而轻浮。直到有一天发来很多条消息问我："我越来越痛苦，越来越讨厌自己，我该怎么办？"

我想，最好的办法大概就是学会爱自己吧。他不爱你没关系啊，你还爱自己啊。如果你都不爱自己了，谁还会爱你呢？

每个人都会经历一些艰难，考学失败、工作受挫、感情波折、遭人背叛，这样的事情发生时，一切都好像要灰飞烟灭。

"我失败了"，所以，幸福与我无关了，快乐从此再也不会出现了，一切都没有存在的必要了，我以后就是最失败的人了——抱着这样念头活着的人，不在少数，他们成了落魄的酒鬼、失意的路人，或者面色暗沉的妇人。

他们让自己过得特别不如意，反正事出有因，都是因为那次的失败——也或者那几次的失败，把他们打击得体无完肤，让他们失意消沉。这看起来是合情合理的，毕竟受过苦、受过累，所

> 我有能力变成自己喜欢的样子,不必世故,不必刻意讨好谁,不必虚情假意。

以我才是现在的样子。

我也有过很痛苦的时光。看上去的一帆风顺,只是看上去而已。那时候,我也有理由放任自己这种不幸福的状态,谁都不能指责我,毕竟,我经历过的痛苦只有自己知道,不是吗?

但谢天谢地,那样的时刻倏忽而过。我无法向痛苦俯首称臣,更不要提放弃自己,任由那些痛苦和悲伤把我变成一个蓬头垢面卖弄痛苦的人。所以,我决定要做点什么,我要通过做这些事情,让自己重新充满勇气,获得幸福的勇气。

我写字、烘焙、旅行,做许许多多我喜欢的事情,并且在那些事情带来的快乐中不断地告诉自己:"你足够爱自己了,世界才会爱你。"我重新充满了自信,不再是年少轻狂的那一种,而是源于内心真实的力量。

我相信即便是被一些人否定,遭遇一些事情,我也仍然有幸福的能力;我重新审视自己,我哪里一无是处了?我明明能写出抚慰人心的文字,至少,有许许多多个日夜,我是用文字在给自己疗愈的。

我有能力变成自己喜欢的样子,不必世故,不必刻意讨好谁,不必虚情假意。喔,那些我厌恶的事情,我都可以敬而远之。也许我们这一生，会做很多错事，会做很多错误的选择，也或者，爱错了人，走错了路。但是永远不会错的是，学会爱自己。

爱护自己的身体，爱惜自己的羽毛，守护自己的内心。你足够爱自己了，才不会轻易被痛苦击垮，不会随便否定自己，会相信自己有能力获得幸福，你会想尽办法让自己开心起来，而你也会在看到曙光之后相信自己会变得更好。

什么是更好的自己？

那就是永远不放弃自己，永远相信自己有变得更好的能力，永远都爱着自己，以此更深情地拥抱这世界，趟过痛苦，捕捉幸福。

人生需要你
以热爱相待

文·徐嘤

1

一直以来都非常佩服练体育的人，那份汗水与血泪、激情与梦想自始至终感染着我。

当刘翔拖着伤脚在鸟巢蹦完全程，当姚明抱着伤腿在篮下流泪，其实我能感受到他们对于体育事业的热爱、不舍与不甘。

我也曾经是一个热爱篮球的少年。记得自己做过最夸张的一件事情就是前一天骨折到医院上夹板，后一天就跑到球场上投篮。同学们都很讶异，说："你不是昨天才骨折吗？怎么今天就跑来打球？"我说："看你们打得那么热火朝天，手痒心更痒。"

当然，断着手掌，没再打下去，但这段经历却让我明白：热爱是多么珍贵的宝物与财富。这世上，想做好一件事没有不苦不累的,但是有了这份热爱,苦点累点又何妨?

2

作为一个体育迷,看了丘索维金娜不知多少届奥运会了。一个运动员仍在以40岁高龄为患白血病的儿子征战赛场,让人动容。2008年北京奥运会上,她说:"我已经参加这项运动25年了,我依然如此爱它。我喜欢训练、喜欢参加比赛,我希望自己能一直坚持下去。"

2012年伦敦奥运会后,她说:"我已决定退役,我真的很爱这个项目,也为它付出了很多,但我总有跳不动的一天。是时候开始另一段人生了,但我的心不会离开体操。"

在她身上,我不仅仅是看到一位母亲为爱而战,更看到了一位运动员用热爱为自己的生命而战。

像丘索维金娜这样的老将还有许多,51岁才退役的乒坛老将瓦尔德内尔,在110米栏赛场上奔跑了20年的阿兰·约翰逊,篮球迷们熟悉的王治郅、穆大叔……太多太多了。

假如没有热爱,谁会拖着病腿日复一日地训练,年复一年地

> 真正的热爱是全身心投入的钟情，是充满幸福的幻想。
> 过程即使酸甜苦辣，结果即使没有回报，也无怨无悔。

征战。假如没有热爱，谁会前一晚还累瘫在床上，第二天早晨又挣扎着爬起来……

3

作为运动员，他们用热爱谱写着职业生涯的辉煌；平凡如我们，也应当对自己的人生以热爱相待。

我认识一位已然仙逝的岭南画派的老画家，在他百岁高龄时，只要精气神好就坚持作画，不曾中断。老先生要不是对书画有这般热爱，怎能画满这一个多世纪的人生。

我家老头子，一千多度的近视眼，能从早上五点半一直坐到晚上睡觉，除开吃饭上厕所，不干别的，就是读书。我妈时常劝他多歇会儿，他却总是如入定般坐在书桌前，颇有当年王羲之以墨蘸饼的痴迷与热爱。

韩愈在《答刘正夫》中写道："然则用功深者，其收名也远。"不下苦功夫，又凭什么声名远播？

多一份热爱，才多一份坚持。有了这份热爱，更有了一个坚持下去的理由。

4

什么是真正的热爱?真正的热爱是全身心投入的钟情,是充满幸福的幻想。过程即使酸甜苦辣,结果即使没有回报,也无怨无悔。

罗曼·罗兰有句名言:"世界上只有一种英雄主义,就是看清生活的真相之后依然热爱生活。"

学习当如此,事业当如此,爱情当如此,人生更当如此。甚至是那最平凡的柴米油盐里,其实也藏着你热爱生活的英雄梦想。心中有热爱的人才更能享受人生,不是吗?

真正幸福的人,懂得用热爱去拥抱自己的人生。

若你和曾经的我一样自卑

文·伊心

作为一个鲜少在社交网站上发布照片的人,我曾经深刻地反省,根本原因是不是我如今仍然自卑。这也正常,长相差强人意,身材马马虎虎,总有一些自卑的理由。

有时候看偶像剧,看别人的高中都风生水起、热烈恣意,我的心底常常愤恨难平。因为纵观我的青春期,简直可以用"灾难"二字来形容。我那时候是个小胖子,经常因此受到朋友们的调侃。比如我站在窗前忧郁地说:"学习太累,真想跳下去一死了之。"朋友立马接一句:"别,别把地球砸穿。"胖意味着我很少能买到合适的衣服,你永远不能指望一个常年穿深色运动服的女生能好看到哪里去。

胖不说,我还经常生病,一个月里总有好几天要吃药甚至打针。生病带来的不适给了我一种很消极的暗示,即使窗外的阳光再好,也觉得心头昏暗。

所以,我不仅羡慕那些花枝招展、袅袅婷婷地去练舞蹈的艺术班女孩儿,我甚至羡慕一个从不生病、走路矫健得像一头小鹿的女同学,她看起来永远那么活力满满。

除此之外,我还不会唱歌,不会跳舞,不会任何乐器,几乎没有任何特长。所有属于青春少女的光芒一到我这里,就变成了一派黯淡。这样那样的原因加起来,便组合成了一个自卑的我。

上了大学之后,我倒不是主动去克服这种自卑的,而是——被逼的。那时候,我们班有个认真负责、积极踊跃的团支书,但凡有什么比赛竞赛,她总在不打招呼的情况下给我们报上名,以此来逼迫行为散漫的我们去参加比赛。所以,我"被加入"了长跑队,"被报名"了朗诵比赛、演讲比赛,甚至我最害怕的数学竞赛。每次我要打退堂鼓的时候,她都严肃批评加温柔鼓励,硬生生地将我推上战场。

终于有一天,我发现自己站在台上时不再紧张害怕,即使即兴演讲也能游刃有余。当然,我也不是一天就变成这样的。每逢比赛,我先是一遍一遍地背诵演讲稿,就算再紧张,也能凭借记忆里的惯性,连贯地顺下来。后来去了越来越多的人面前演讲,

> 一个人悲欢离合的一生在五六百页中便可尽述，而你眼下的痛苦不过是漫长人生河流中一个最微不足道的浪花。

听他们给我提的意见，然后一点点对着镜子修正。终于，我也变成了一个有"台风"的人。也是那之后，我才终于知道，从没有天生就能侃侃而谈的人。他们和你我一样，在人后沉默练习了无数遍，才终于得以侃侃而谈。

我也不知道自己是如何克服自卑的，但一路走来，我觉得真正的成长是一个让自己越来越有"底气"的过程。这种底气，有时候不仅仅在于考多高的分数、拿多好的offer，而在于积淀了多少足以让自己不忧不惧的东西。

在克服自卑的路上，我不过是用了最笨拙的三个方法——学习、读书、思考。

即使现在告别学校、开始工作，学习仍然是最能带给人底气的方法。掌握一个新的技能、考下一门含金量高的资格证书、在工作中不断地积累行业经验，这种学习当真是"逆水行舟，不进则退"的。学习或许不能立竿见影地为你带来一个高薪的工作，但至少给了你找到高薪工作的可能性，也顺带着给了你用高薪工作来证明自我价值的可能性。

有人觉得读名著没有用。可我总觉得，也许一篇心灵鸡汤能让你在一瞬间燃烧起了斗志，可很难指望它去拯救一颗卑微的心。反倒是那些流传了数百年的名著，那些隐藏在字里行间的真挚、善良与美好，足以让你在暗自哭泣时，因为一个遥远的未曾谋面的、惺惺相惜的人也曾走过相似的痛苦而心留余温。

我想起自己在情绪波动、忧郁绝望时度过的日子，还是那些书拯救了我。那些伟大的踽踽独行的灵魂，甚至那些充满力量的只言片语，成了我最好的止痛药。读书也总是让人能够产生一种错觉——一个人悲欢离合的一生在五六百页中便可尽述，而你眼下的痛苦不过是漫长人生河流中一个最微不足道的浪花。

忘了是哪个哲人说过："思考是人与人之间最后的区别尺度。"在这个信息爆炸的时代，越来越多的人沉迷于微博上的搞笑动图和段子，沉迷于一遍遍地刷新朋友圈查看他人的最新动态，却鲜少有人愿意在人潮拥挤的嘈杂生活里像古人一样"吾日三省吾身"。可思考如此重要，几乎是最深刻的成长方式。他人走过的路只是参照，从自己的跌倒中思考为何会跌倒才会让自己走得愈加顺遂。

曾有人发邮件问我："你是如何变得这么内心强大的？"我回复了简单的一段话：

"受伤，但不让每一场伤痛白挨。反复思索，积累一丁点儿的收获、经验和教训，努力将它们变成要义。读书，看历史，相信时间的魔力，由此确信自己此刻的微弱痛苦之于一整个曼妙人生不过是转瞬。聊天，体会他人的生活，以他人的经验补充自己的思索，由此越来越丰厚。"

可事实上，我当然不是天生就内心强大，不过是在一路走来的过程中总结了这些所谓的要义。

这年头，大家都依赖鸡汤甚至鸡血，殊不知，真正给人带来自信感的绝非仅仅鸡血。工作之后，经常要在领导面前汇报工作、发表感言，最开始，一看到台下一群西装革履、严肃无比的领导，我也会紧张。后来的解决方法倒不是上台前给自己拼命打鸡血，而是在台下一遍遍地查阅资料、修改工作总结，再往前推——也不过是将工作做得更好而已。如此才有些底气，去从容应对台下那些目光炯炯和提问质疑。

所以，克服自卑、懦弱、紧张的方法，不过是通过自己对自己的磨练变成一个更好的自己，变成一个让人心悦诚服的自己。

这个世界上，总有解决问题的方法。觉得胖就减肥，身体弱就锻炼，写不好就多写。也许经过一万种尝试之后，你和我一样仍然有些微的自卑，但至少，我们终于能够坦诚又宽容地爱这个不完美、略胆小却总在进步的自己。

你有趣了，
你的生活才会有趣

文·一直特立独行的猫

很多人跟我说，感觉生活好无趣啊，干什么都没兴趣，自己是不是有病？我想起以前的一点思考，分享给大家。

我刚毕业的时候，认识一个前辈，无论我们说什么事情，他总会说："这有什么啊。"然后就开始讲他所知道的关于此事的负面信息。比如我们说某某公司好棒啊，紧接着他就开始跟我们讲这家公司的阴暗面。如果我们说这个方案看起来创意太好了，他就跟我们吐槽这个创意多垃圾。

开始我们听了以后会觉得，原来是这样啊。但时间久了，大家都不太喜欢跟他一起聊天。因为不管我们说什么，在他看来都好腹黑，好无趣，好黑暗。这个世界在他眼里充满了各种阴暗，一点值得别人学习和赞赏的地方都没有，聊什么都特别沮丧。

我们中的一些人可能也会在不远的未来变成这样。年轻的时

> 生活里的情趣还需要自己去挖掘，打开内心是最重要的方式。用双手和眼睛去发现世界，你才能慢慢变得有趣。

候，我们没有多少钱，但因为见识少，看见什么都好玩得不行，去哪儿都晒，吃个冰棒都要晒。但是等工作几年之后，手上有点小钱了，见多识广的我们会意识到自己失去了发现有趣的眼睛。很多时候，好吃好玩的一大趟之后，感觉就那样吧，没啥特别惊喜的。

我曾经有段时间就是这样，出国旅游好多次，感觉也就那样，无非压压马路、逛逛街、看看风景，完全体会不到小年轻们出去一趟嗨翻天的感觉。周围的人看谁都觉得一般般，听谁讲课都觉得不好不对，但自己也没多大能耐，高不成低不就的感觉。我发现自己变成了一个无趣的人。

那时候我很恐慌，还不到30岁就找不到人生乐趣了，世界这么大，我都看不到美。我想了很久，发现自己变得无趣的原因，竟然是封闭了自己的内心。

年轻的时候，我们啥都不懂，啥也没见过，看什么都恨不得记在心里，想要拥有。跟一个能干的领导工作，只要能学东西，不给钱都乐得屁颠屁颠的，恨不得把全世界都抢来放心里。但当自己有点小能力以后，看谁都不如自己，看什么都不上眼了。

你发现没，年轻时候的朝气蓬勃早就消失得无影无踪了。取而代之的是对自己无能为力的生气，以及对优秀的别人的嫉妒和内心的着急。你以为自己早就拥有了全世界,但看到别人比自己强又不爽,久而久之,开放的心态变成了自怨自艾和背后吐槽。你嘴上口口声声说着"兼容并包",内心比谁都故步自封。

越来越便捷的生活,慢慢变多的收入,解放了我们的双手,帮我们腾出了更多的时间,但也让我们无所事事。用钱可以买来一切服务的生活方式,似乎让我们失去了探索和发现生活之美的眼睛,也失去了那份想要看到更大世界的心情。

我们家在网上订了一年的鲜花,每个月都送来一束,每次送来我都随手一插,三天之后枯萎扔掉。我觉得这花得买,但也不能一周买一束啊,可怎么办好?后来有一天,我看了一本花艺的书,然后约了 G 先生一起去了花市,琳琅满目的品种,以及 90% 完全没见过的花草世界让我惊呆了,还超级无敌地便宜。花的世界有那么多艺术和讲究,而自己以前完全不懂,让我惊叹又好奇。我和 G 先生约好,明年不订花了,每个月来花市走一走,买一束自己挑选的鲜花。

生活里的情趣还需要自己去挖掘,打开内心是最重要的方式。故步自封、自以为是,只能让生活停滞不前。天天在自己的小世界里,当然无趣极了。用双手和眼睛去发现世界,你才能慢慢变得有趣。你有趣了,你的生活才会有趣。

那些心平气和，
却有无限力量的人

文 · 紫健

1

小叶是我留学期间的好伙伴，我们分属不同的学院，报到的那天相识。第一眼以为她是个古灵精怪的姑娘，后来才发现她并不是现实版的"曲筱绡"。喜欢和她一起玩儿，因为她看什么都很坦然，为人简单而真诚。

她总是懂得发现与欣赏那些细微却有趣的事物，一只窗户后的猫咪、一个别致的纽扣都会让她开心很久。她会画很好看的画，笔下人物生动而富有个性。后来发现，她平时活泼开朗，但遇事异常冷静。认识这么久，接触的八卦与议论很多，可她从不随便听信别人的闲言碎语，不会先妄加猜测，闲谈不论他人非。与这样的人交朋友，会省去很多小女生的盲目猜忌与纠结。

听说她是她们专业的小学霸,每次考试都名列前茅。我也是从别的朋友那里得知,她留学前已经工作过一段时间,而且是在一家很有名的投行。我们同在图书馆的时候,由于偏爱不同的位置,总是各去各的楼层。她喜欢靠窗,我喜欢在电脑旁边的吧台。不知多少次,我们几乎总是同时发给对方一条信息:"看书看得好累,下楼去买杯喝的吗?"

所谓买杯喝的,无非是图书馆楼下或者不远处的几家咖啡馆。我们总是趁买饮料的间隙聊聊天、晒晒太阳,不知不觉"耽误"很久,待到重新回到座位,一个小时已然溜走。

后来学业渐紧,我们总是交替忙着自己的事情,可即使一段时间不联系也不会觉得尴尬。偶尔想起去买咖啡的时候,首先想到的总是对方,这才体会到,一段关系中,相处舒服是多么重要的前提保证。

记得有一次我们本来白天去周边的小镇游玩儿,吃喝、拍照累了一天。晚上,我跟她说早点休息,她却笑着说回去洗个澡就去泡图书馆了,后天有考试。那时我才明白,没有什么优异不费任何吹灰之力,她令人歆羡的成绩同样来自努力与坚持,只不过她不会显山露水地夸大困难,而是把时间用在默默努力上。

就这样,她心平气和又不动声色,却把什么都打点好。看似柔弱,却是抗压力惊人。

2

这不禁让我想起我的姑婆。姑婆的儿子,也就是我的叔叔,曾以优异的成绩公费留美,后来拿到计算机博士和化学硕士后顺利找到工作并定居。国内的姑婆为了替叔叔婶婶照看两个小表弟,毅然决定搬到美国,学英语,考绿卡,一切从头开始。

对于一个60多岁的老人,这是件很不容易的事。去国离乡,不仅要离开熟悉的地方,还要与以前熟悉到寻常的老朋友及某些生活方式告别。她默默地努力着,竟一点点都做到了。

平时接送小表弟,在家收拾家务,做做她喜欢的绣花手工,然后考虑着每天营养搭配好一家的菜肴。不是每个老年人都会适应国外生活,其中的孤寂与思乡情绪恐怕没有人能感同身受。可印象中,她总是淡淡地笑着,接受并享受这一切。

每次和我通电话,我问她累不累,她总把她见到、学到的新鲜事儿告诉我,乐呵呵的。还有一次,她心平气和地说:"其实每天的事情虽然琐碎,还是很耗体力,不过在你叔叔婶婶面前我总说不累。我是来帮他们的,总不能成为他们的负担,也怕让他们操心。"

她内心记住和传递的,永远都是赏心悦目的事。至于其中的辛苦,则一笔带过、笑而不提。这才发现,让人省心是项多么难得而可贵的品质。

3

朋友有一天微信转发给我一篇文章,内容大体是喜欢看起来很轻松的姑娘。朋友说:"这写的不就是你吗?"

"咦,怎么是我?"我回她。

"因为你总是看起来不紧不慢、笑嘻嘻的,却能把一切都做好。"她比划了一个大大的爱心。

回复她一个爱心后,我仔细想想,其实事实并非如此。我不够聪明,一路走来,遇到过很多让自己感到吃力的事。可能赚的就是个心态吧,我总是相信,前路上一切未知的幸福和苦难,都在我的承受范围之内。有时哪怕心里再急,表面也会云淡风轻。

因为我知道，着急是没用的，按部就班才是王道；也因为我不想让别人知道我太吃力，希望给自己也给别人信心。

很久前，我的微博签名是："你当温柔，但有力量；勿忘初心，方得始终。"心平气和地坚持下去，总会守得云开见月明。

每个人的性格不同，处理事情的方式也千差万别。扪心自问，我也很欣赏那些时刻保有激情和冲动的人，他们的存在本身就是一种昂扬与活力。虽不能至，心向往之。但是，我更欣赏那些看似温和润泽，却有无限力量的人。看上去不动声色，实则在默默蕴积。其实生活本来平淡，并没有太多摧枯拉朽与歇斯底里，遇事周全一点，做人简单一点，心平气和地处理事情，方为上策。

那种心平气和中的温柔与坚定，像是水蓝色的天空，青翠欲滴的草地，路边不起眼却星星点点盛开的野花。或许没有火红的日出与绚丽的极光摄人心魄，却照样能让人心生愉悦，感激现在的生活。

而关于力量，看重的从来都是效果，而非方式。

你不苟且，
世界就没有暧昧

文·马德

我们总是先认识了身边的人，才认识了这个世界。

一个人，身边有多少人，就有多大的世界，有什么样的人，就有什么样的世界。这些人素养的高低，决定了你的高雅与低俗、辽远与浅狭、明媚与卑琐。一句话，他人的质量，就是你的世界的质量。

在自然的山水里，无论走多远，最后还要回到这群人当中。也就是说，你最终要回到自己的世界来。远足，是心灵的沐洗，是换一种方式让精神突围，是以自然的视觉，看清人的世界。临溪流以静对，访草木以素心，登高极目知天地之大，置己苍茫知寸身之微。在与山水的相处里，懂得了如何跟自我所在的世界相处。

自然示阔旷于万物，只是想告诉每一个生命，走出自我的狭

> 有些底线是必须要坚守的。在原则那里,你失守的越多,人生就沦陷得越多。

窄,不必为一人、一事、一物所拘泥,心无宕动,世界自风烟俱静。他人是你的魔障,倒不如说,你是自己的魔障。每个人跟外部世界斗,说到底,是跟自己斗。跟谁过不去,最后,都是跟自己过不去。身边的世界,总有你不喜欢的人,总有你厌弃的事,这些必然要来到生命中,它们来到,只是为揭示生活的真相,告诉你生活是怎么一回事。

一个人的强大,就是能与不堪的人和事周旋,最终,战胜懦弱卑怯的自己。你救不起道德沦丧,但在一大片道德沦丧里,你可以选择自己巍然挺立。

诸事放下,一切皆胜。放不下,自挣不脱。一个人,能释怀,才能释然,能在内心修篱种菊,自不必避车马喧嚣。走千里万里,逃不出自我的喧嚣,就逃不开尘世的喧闹。也就是说,你安静下来了,这个尘世也就安静下来了。

不会每一个人都不合你的胃口。如果你总是讨厌别人,那么先讨厌这个爱讨厌别人的自己。先打倒狭隘的自己,才能接纳宽广的世界。

人往高处走,不是物质上追慕富贵,而是在精神层面上,与那些品高境阔的人交往。相看两不厌,是因了趣味近;相嬉两不忘,是因了志向合。然后,山高水阔,相约走天涯。道不同不相与谋,其实说的就是不在一个世界的人,自难在一个语言系统。人生,有时候会有一些小悲剧。譬如,你流落到了不喜欢的世界,已经够悲哀了,却还要悲怆地强颜欢笑,跟不喜欢的人,把貌合神离表演成情投意合,把厌恶表演成亲昵,把痛苦表演为快乐。生活,不是在逼良为娼,而是以此考验你的通过性和忍耐力。

你明白就是了。这个世界,看似周遭嘈杂,各色人等,泥沙俱下,本质上,还是你一个人的世界。你若澄澈,世界就干净;你若简单,世界就难以复杂。你不去苟且,世界就没有暧昧。你没有半推半就,世界就不会为你半黑半白。

有些底线是必须要坚守的。在原则那里,你失守的越多,人生就沦陷得越多。

愿你成为一个
有趣的人

文 · 左夏

偶然看到一句话："有趣，即是最大的才情。"欣然认可，还把它摘录到本子上，当成真理一样信仰。

是的，有趣，盖过其他一切才情。

要知道，一个人最糟糕的处境不是贫穷，也不是失恋——而是逐渐被生活磨成一个无趣的人，自己却浑然不觉。

我认识一个姑娘，明明做着自己不喜欢的工作，却既不打算跳槽另谋高就，也没有毅力去学习新知识、进入新行业，天天抱怨工作无聊，一发动态全是负能量。不是半夜发张自拍配文"好烦啊睡不着"，就是大中午的发一段埋怨上司、埋怨工作的话。除此之外，姑娘的生活别无其他内容。偶尔问起她的近况，也是经年不变的回答——就那样呗。她的生活，已经贫乏到不再因为天气晴好而心情愉悦，也不再因为收获了一次意外的惊喜而由衷感动。20岁的年纪，竟活出了80岁的沧桑感——懒得去旅行，不想去运动，从来不努力，却总抱怨生活、抱怨周遭的一切。

总之，姑娘韶华正盛、面容姣好，却是一个无趣的人。

而我恰好认识另外一个姑娘，温暖得就像一颗小太阳，让人不自觉地想要靠近。

姑娘爱笑心宽，开心起来，整个人都神采飞扬，很容易感染身边的人一起分享她的喜悦。更难得的是，姑娘从不怨天尤人，而是以自黑和吐槽的方式跟别人讲自己的遭遇，明明很悲伤的事情，从她嘴里说出来就跟相声一样令人捧腹。那天在超市被怀疑偷东西，姑娘只是微笑说了句："我没有，需不需要查监控？"回家后发了条朋友圈，"随意地喝着瓶雪碧就晃进了一家超市，付账的时候果然被质问雪碧怎么不付款"，后面还附了一个笑脸。把窘迫的处境轻描淡写，让人不得不佩服姑娘的高情商。

是的，姑娘总有本事把生活的不愉快调剂成小舞曲，幽默乐观的性格到哪儿都招人喜欢。而翻看她的朋友圈和空间，感受到的也是满满的正能量：旅游途中遇到的热情大妈，回老家和爷爷

> 一个人最糟糕的处境不是贫穷，也不是失恋——而是逐渐被生活磨成一个无趣的人，自己却浑然不觉。

一起锄地种瓜，和三岁小侄女卖萌自拍，去图书馆借书遇到一个清秀的男生，阳台无人照看的花儿某天清晨热烈绽放，男神评论了自己的朋友圈，公交车上一个小孩枕着自己的手臂不忍心抽开手的温柔友善……

姑娘长相平平，却活得格外漂亮。有趣如她，得到了身边很多人的赞赏，就连幸运女神也似乎格外眷顾她，在她身上总能发生美好的事情。

这两个姑娘一对比，大概很多人都更愿意和后者接触。没错，我也更欣赏后面这个姑娘，因为她活出了我喜欢的生活态度：只要爱与阳光俱在，就该怀揣希望，期待美好，在每一个睁眼醒来的清晨，在每一个你所能掌控的现在。

同食人间烟火，她行，你也行。

当你学会去喜欢自己所处的地方，不管它是繁华如梦还是荒凉如野；当你乐意去发现生活中各种细小的动人之处，不管是角落里蜷缩着睡懒觉的小猫还是晾在阳台各种颜色的袜子；当你习惯用微笑去面对一切棘手的难题，在忙乱中依旧可以认真地给门前的花草浇浇水，趁着天晴晒晒被……你会发现，你已经跟以前的自己截然不同，你已经在不知不觉间活成了自己一直期待的那种样子,那种明媚如画的样子。

　　亲爱的,未来的路依旧遍布荆棘,愿你不被生活磨灭初心,一直是个有趣的人,是别人想拒绝也拒绝不了的热烈阳光。

给过去一些原谅，
给未来少点妥协

文·暖先森

去年夏天，我在朋友圈发过这样一条动态：我希望四五年后，能有稳定的收入，有房、有车、有温馨的家庭和孩子，这样的要求算不算高？接着，我顺手附上一张浪漫温馨的一家三口图。像所有售楼部高高悬起的宣传广告那样，男的西装革履，女的温婉大方，两人各牵着中间男孩的一只手，背后阳光明亮满洒，三人朝着最幸福的方向走去。

然后收到一些朋友的回复，涉世未深的纷纷点赞，颠沛流离的都在评论，大致内容三个字：太高了！评论的最下面，小A回复：我想有个人陪我一起过日子，就很满足。

这是他孤身一人的第三个年头。

小A是我家乡的一位朋友，早年对学校有着嗤之以鼻的厌恶和不屑。初中刚毕业，他就出来混迹社会，在一家摩托维修厂当学徒，生活单调枯燥，劳累一天，衣服和脸颊上粘满油渍。但好在感情上顺风顺水。傍晚的时候，小A会骑着一辆银色的摩托，载着一位光鲜亮丽的姑娘从我们学校路过。我们冲他吹口哨，他冲我们骂骂咧咧，然后摩托油门加到爆。

在我们每天试卷满天飞的学生眼里，他是放荡不羁的，是自由的。像夏天的风，我们追逐着他的脚步，他却早已不在原地，奔赴千里。

小A所在的摩托维修店的对面，是一条贯穿南北的笔直国道。从远方风尘仆仆赶来的货车，在镇上加满了油，就逆着小A视线的方向，匆匆前行。2009年，小A指着油光发亮的国道对我说："总有一天，我会去往这个宽阔的世界看看；总有一天，我会以一副人模人样的姿态出现在你面前。"我说："好啊好啊！我会晚一点上路，但一定会赶往和你相同的地方。所以，你先帮我在这个世界探探险。"

年轻的时候，我们都曾抱着雄心壮志、握着拳头对这世界豪言壮语。但你在这个世界摸爬滚打一番，往这个世界更凶险的地方走一遭，你会发现，时间磨去年轻的棱角，沧桑拍打梦想的海平面。你走走停停，转身回头看，已记不清原先握紧的拳头，和站在坐标原点的自己。

很多东西都在改变,很多诺言都飘散成烟。你还是你,但早已不是出发前的那个自己。

2010年,我和几位朋友在人民广场喝冰啤,看南非世界杯,大家高声疾呼地唱着世界杯主题曲,"哇咔哇咔"地仰头大叫。这时,小A打来电话,语气平和地对我说:"我分手了。"

我一溜烟跑出去,问小A:"为什么?"小A说:"因为没房没车,因为不能满足她的结婚标准,因为给不了她想要的幸福。"小A每说一句,中间停顿几秒,然后哽咽地用力说下去。我鼻子一酸,问小A是不是难过。小A说:"虽然难过,但你走上了社会,发现其实大家都一样;虽然难过,但我也要让自己少难过一些。你说你的生活不好过,可有人比你更难过。"

大学时候的我们,一个月总有那么几天,会感到莫名的难过。这种难过,有时是在打完了最后一局游戏,拖着松垮又亢奋的身体抱头就睡的难过;是每晚熬红了双眼,却在无所事事中无法睡去的难过;是一个人独身行走在校园,意料之中席卷而来的难过。我们的那种难过,像身上的细菌一样滋生蔓延,没有对象,没有因果,看不到前方,找不到当下,过往统统抹掉,决心和毅力全盘否决。

我们那时候的难过，都是漫无目的的情绪失控和青春荷尔蒙的产物。我们不是真正的难过，真正的难过，不是大家一起吃吃饭，喝喝酒，唱唱歌就能解决的。真正难过的人没有太多的时间在原地停留驻足，只能让时间去冲蚀抚平。而你知道，即使难过，也要千方百计地让生活不那么艰难。

在我们镇上，像小A这样，没有进入大学的年轻人，都早早成家，过着两人做伴的幸福生活。但小A没房没车，按照习惯，连相亲的条件和资格都没有。谈过几个对象，但提到结婚的时候，对方总是临阵脱逃。小A成了不折不扣的大龄剩男。

去年过年的时候，我和小A在一块喝酒。小A说："你看，当年哥哥嚷嚷着要混出个人模人样。我现在不这么想了，我就想有个真正爱我的女朋友，然后顺理成章地结婚，生孩子，一起在柴米油盐酱醋茶的生活中磕磕绊绊，就这样简单。"

我举起酒杯，看到小A笑中带泪的眼睛，被时光刻在眼角的皱纹，不再光鲜亮丽的发丝和为生活打拼、磨出老茧的粗糙双手。我想到了五年前的那个少年。那个像风一样划过青春的少年，载着漂亮姑娘的少年，骂骂咧咧的少年。

> 奔跑的人，掠过耳边的风会吹掉眼泪，旅途两边的风景会更明亮迷人，而你心脏的肌肉，也会更加坚硬有劲。

我想，时间在褪去你光鲜靓丽外表的同时，也让你获得了一些实实在在的，却又看不到的内在的东西。当初像风一样，放荡不羁爱自由，如今在时空里走了太远，只想安静地找个地方停顿下来。

今年，我收到了小A送来的喜帖。他挽着一位安静大方的姑娘，姑娘脾气柔和，不算多么漂亮，但也是能拉出去逛大街的那种。两个人默契地站在一起，很是般配。

每个人都会找到自己的归宿和幸福，可能只是时间早晚和快慢的问题，但真正重要的东西，即使来得晚一些，也没关系。你会遇到各种各样的问题，不要难过，好好过，拼命活。

即使生活不见起色，但你依然要每天不断地工作。喜欢的事情，可以放一放，等有余力再重新捡起。但一定要把身边的人保护好，以及，照顾好自己。因为，你除了这些，真的没有什么东西可拥有和失去了。

只要你肯努力，一切都还来得及。所以，从身边的小事做起，给自己一个微笑，给爱的人一个拥抱，给过去一些谅解，给未来少点妥协。而你能给当下的，就是微笑地对自己说：还在难过着什么？！大家有时都一样，迷茫又彷徨，这是不变的节奏。

变的是,每个人的方向和脚步。

你一定会变优秀,你一定会少些难过。但前提是你必须奋力狂奔。因为奔跑的人,掠过耳边的风会吹掉眼泪,旅途两边的风景会更明亮迷人,而你心脏的肌肉,也会更加坚硬有劲。

微笑着仰望星空，
无论生活有多糟糕

文·萧萧依凡

父母有一个朋友，我们称呼她柳姨。柳姨年轻的时候，嫁得很好。丈夫英俊潇洒，头脑灵活，生意做得风生水起。柳姨在家相夫教子，不曾出去工作，也很少过问丈夫的生意，一心一意地做贤内助。

小城的人们对柳姨是艳羡的。柳姨每次来我家里，脸上都是带着恬淡的微笑，从来都没看过她愁容满面。所以，我对柳姨也是羡慕的。因为当时的我，也有很多"忧愁"的事情，比如作业永远写不完、假期永远不够玩。

后来听家人说，柳姨的丈夫跑了，带着一个女人远走高飞了。那个男人卷走了家里所有的钱，厂子里值钱的设备也被他偷偷卖掉了。孩子还小，柳姨没有工作，手里只剩下厂里的一堆破铜烂铁，以及丈夫做生意时欠的一堆外债。在小城里，这种事情仿佛自带一双翅膀，很快就传遍了大街小巷。人们之前对柳姨有多羡慕，现在就有多幸灾乐祸。

再看到柳姨的时候，虽然当时年龄小，对大人的事情似懂非懂，但是我也隐约意识到，柳姨不再像以前那样衣食无忧了。年纪小小的我，对柳姨生出了几分心疼。可是，柳姨的脸上还是带着一如从前的恬淡笑容。我父母心疼她、关心她，但是终究没主动开口。还是柳姨自己淡然地开了口，说："走了就走了，不是自己的留也留不住。"依然是带着微笑的脸，就像从前衣食无忧时那般。

为了解决自己和儿子的生活问题，为了不让催债的人围堵家门口，柳姨跟亲戚借了一大笔钱，重新整顿了前夫留下的厂子。她自己也学起了手艺，省下一个工人的工钱。她不曾干过粗活的手上，迅速地起了一层厚厚的茧子。没有人知道，柳姨在安静的夜里流了多少泪、犯了多少愁。可是，只要天一亮，她脸上的微笑就又回来了。

人们都说，爱笑的人，运气不会太差。慢慢地，柳姨的生意居然做得像模像样起来。她一点一点地还上了前夫留下的债务，和儿子的生活也渐渐没之前那么困难了。

> 假如生活欺骗了你，不要悲伤，不要心急，
> 忧郁的日子里需要镇静。

  但是，她中间也曾摔了一个大跟头，被一个老客户骗了一大笔钱。报了案之后，事情并无眉目。再见她时，她依然面带着微笑，淡然地说："钱没了就没了，财去人安乐。"

  一个人辛辛苦苦撑了那么多年，终于盼到自己儿子大学毕业，她松了口气，不用一个人扛着了。可是，从小温顺听话的儿子，变得有些莫名其妙的叛逆了。

  老公跑了、钱没了、被嘲笑、被骗，她都没把忧愁写在脸上。我想，这次她该难过了，毕竟是相依为命的儿子伤了她的心。可是看到她时，她还是面带微笑，说："儿子从小一直很懂事，这叛逆期来得有点晚。叛逆期过去就好了。"柳姨的儿子终究是清醒了过来，给她娶了一个很孝顺的儿媳妇。这几年，她把生意交给儿子打理，说自己该享享清福了。

  据说去年，她前夫曾回来过，混得很落魄，私底下找自己的儿子要钱。她儿子心软，但是又怕母亲生气，偷偷给了父亲一笔钱。有人跟她"通风报信"，她微笑着说："给就给了，毕竟是他爸。儿子是个好儿子，孝顺。"其实，她何尝不是早就知道了，只不过睁一只眼闭一只眼而已。过往的恩怨，她不曾留在心底，所以并未生出仇恨的根。

小时候，我只是看到这样一直微笑的柳姨，就觉得她是个传奇。长大了，我回顾她过往人生的那些片段，更觉得她是个传奇。她人生的每一次跌倒，我都觉得胆战心惊。可是回想起她的每一个微笑，我的内心却也跟着变得云淡风轻起来。

有些人就是这样，她成功或者落魄，你都会觉得她是一个无法逾越的传奇。她一直挂在嘴边的处变不惊的微笑，就足以让你觉得无比耀眼。确实，生活有时很糟糕，但是在糟糕面前保持一如既往的微笑，是一种能力，也是一种魅力。这种能力，并不是每个人都具备。

其实，每个人的生活都藏匿着一塌糊涂的糟糕。有时候静下心来仔细想想，生活真是糟糕透了。那些糟糕的事情，我们用一辈子的时光都难以倾诉完。比如，拥挤的路况，似乎从来不曾好转，上下班的那条路永远那么堵。世界上最远的距离不是你在天涯我在海角，而是你在五环，我也在五环。再比如，房价跟物价涨得飞快，工资却停滞不前。偌大的城市，似乎永远缺自己落脚的一平米。你看，生活本身，就自带了诸如此类的糟糕和不堪。更别提，每个人自身经历中，那些糟糕得让你觉得透不过气来的情节。

然而，就像王尔德说的那样："我们都生活在阴沟里，但依然有人仰望星空。"每个人的生活，都有着不为人知的糟糕。但是，将我们从糟糕和不堪里区分出来的，就是那面带微笑"仰望星空"的与众不同，始终带着对过去坦然的接纳和原谅，对未来热切的仰望和憧憬。

保持微笑，是庆幸和感恩。无论生活多糟糕，感谢我们还有继续体验生活的机会。无论生活多么不堪，始终不慌乱了手脚，保持着随遇而安的镇静。普希金曾说过："假如生活欺骗了你，不要悲伤，不要心急，忧郁的日子里需要镇静。"面对糟糕的生活，你脸上那么淡然的微笑，就是一股无言的镇静。生活不给你微笑，你就笑给它看。总有一天，你会守得云开见月明。

假如那一天姗姗来迟，那抹微笑也是你最好、最温暖的朋友，让转机来临之前的每一天都多一分朝气和蓬勃。何况，那过去了的，终将成为亲切的怀恋。

所以，无论何时，无论生活多么糟糕，请微笑着仰望星空。这是你继续前行的力量，也是对美好未来的召唤。

勇敢爱人，
才是快乐的真谛

文·小莉

然而，我终究无法重新活过。但是我有你，我的宝贝。我希望你可以活得快乐而自在。不必像我一样，到了三十几岁，才明白生命的意义。

心理学家荣格说过："人有两次生命。第一次是活给别人看的，第二次是活给自己的，第二次常常从四十岁以后开始。"

而我希望你的生命，从一开始，就活给你自己。

孩子，我永远记得，我们在海边的房子里，你透过窗户，用手指着大海，对我说："妈妈，你看，那条红色的船，它飘过来了。"那时候，你两岁。

我又欣喜又担忧。你诗意的语言让我沉醉，温柔的眼神让我幸福，但我更害怕你敏感多情而易受伤。我拼命想纠正你。我每天都把你从屋里拉出来，去跑、去跳、去玩耍、去呐喊。我希望

> 真正的快乐，就是给予别人爱和帮助。

你阳光，爱运动，大条，粗犷。

有一天，我终于明白，我这么做，是因为我一直在否定我自己。你身上所体现出来的这些特点，就是你的妈咪我，一直以来的样子。

每一个人对自己都不是那么满意。胖的喜欢瘦的，瘦的喜欢丰满的，文艺的羡慕傻白甜。当我意识到这一点，我感到非常惭愧。我不喜欢那些因为自己的梦想没有实现，就让孩子延续自己梦想的父母，也不喜欢那些用自己的思想去控制孩子的父母。然而，我现在，和他们并没有什么不同。

生命本身，有她的样子。一个生命，穿越生生世世而来，自带风水，灵魂完备。父母，不过是你来到人间的一扇窗，一道门，一座桥。你是内向的，还是外向的；你是理性的，还是感性的；你是敏感的，还是钝感的，很多时候，都写在了你的基因里。

请遵从你的内在基因，尊重你的本来面貌，舒舒服服、自自在在地长成你自己的样子，不用活成别人。

在我们小一些的时候，总喜欢思考人生的意义。等我们慢慢长大才明白，生命的意义不只是思考出来的，还要去体验。

妈妈认识一个阿姨，她很漂亮、很可爱，可她老是愁眉紧锁，总是在思考和担忧。她没有办法在一群人聊天的时候专心地聆听大家的分享，甚至没法安下心来去体会孩子的成长。

有一次，妈妈给了她一个鸡蛋，让她什么也不去想，专心地去体会这只鸡蛋的味道。于是，这位阿姨拿起蛋仔细端详，轻轻磕开、慢慢剥掉蛋壳，慢慢一口一口品尝鸡蛋的味道。她惊喜地发现，原来鸡蛋这么好吃，吃鸡蛋的过程这么享受。

从此以后，她尝试用这个方法去对待生活中所有的事情。感受一朵花开的芬芳，感受春风拂过面颊的轻柔，感受一杯咖啡的香甜，感受每一个日出和日落的光影变幻。

生命就像一条宽阔的河流，一路欢歌，一路奔放，时而电闪雷鸣，时而阳光普照，穿越森林沼泽，穿越隔壁沙漠。每一刻都精彩，每一秒都宝贵。在该恋爱的时候恋爱，在该奋斗的时候奋斗，在该行走的时候行走，在该驻足的时候驻足，人生就是一场体验。像拼拼图似的，把这些模块拼完了，生命的意义就了然了。

这是一个有些浮躁的年代，大家都在追求各种各样的东西，但却忘记了最根本的快乐。其实，快乐和财富没有必然联系。

> 当我们开始去爱人,去关心别人,去付出,我们会看到我们的能量是无限放大的。

有一个阿姨,她自己开公司,赚很多钱,她身体健康,年轻漂亮,但她总觉得生活没有意思。后来,她把开公司的目标变成能帮助多少人,而不是赚多少钱,她的生活发生了变化。

这位阿姨的公司提供的是帮助外国朋友在中国找房子的服务。当她以赚钱为目标的时候,她觉得自己的工作非常乏味而辛苦,她有时候甚至想,这笔钱我可以不赚了,我不想这么辛苦,起早贪黑,风吹日晒。

但当她以帮助别人为目标的时候,她看到这些外国朋友到了中国第一个向她求助,她内心非常满足。她看到她的客户,在她的张罗下安居乐业,看到孩子们在草地上嬉笑欢闹,她非常地开心。

孩子,真正的快乐,就是给予别人爱和帮助。妈妈并不认为这是一件多么神奇伟大的事情,妈妈认为这是人的本能。

人的生命非常短暂,也会有局限,如果我们只把感受力放在自己身上,快乐的源泉很快会枯竭。当我们开始去爱人,去关心别人,去付出,我们会看到我们的能量是无限放大的。那些被我们温暖过的人,会因为我们的帮助变得更美好,而他们会继续给予其他人善意和关爱，绵延不绝。

一百年后，我们的生命湮灭在岁月的长河里，而我们留下来的这些爱，却还在流动、传递、发酵、升华。这样，我们的生命才真正有了永恒的意义。

最后，在这个特殊的日子里，我想写下对所有孩子的祝福：

愿你独立但懂得温暖，善良但学会坚强，坚持梦想但知道迂回，生命辽阔但内心笃定。愿你们拥有爱人和快乐的能力，到永远！

你是否也坚持着一种渴望，
一年又一年

文 · 慧慧

春节前朋友聚会，我又见到了大伟。之前见面，也许是过度劳累，他都显得有点虚弱，这次却精神焕发，让我眼前一亮。

大伟是我大学时认识的一个朋友，学的是电影摄影，毕业后就来北京，在北影给人拍片子。电影这东西，看起来欢乐唯美，拍起来可一点儿都不轻松。尤其是像他这种没名气、没背景、没人脉、没经验的刚毕业的学生，最开始进剧组就是给人干点搬东西、调试设备、弄弄灯光、布轨什么的杂活儿。那么多死沉的箱子和设备，每天累得腰酸背痛不说，有时候还很危险。出差也是常事，全国甚至全世界到处跑，大兴安岭、南极、拉美什么的都去过——可别以为是去玩，大多是到一些条件恶劣的地方拍戏。这份儿差事又辛苦又不稳定，即便如此，起初工资也只有1000多元。

他有不少高中同学当时都学了"影视编导",就图能走艺术生的路,考个好一点的大学,而现在早就纷纷转行了,只有他至今仍在坚持。

"要想做到比较好的摄影师,至少得10年吧,之前都是打杂。"他说。

"那你还要继续干吗?"我问。

"还好。"他腼腆一笑。

我早习惯了这种腼腆的笑和含糊的回答。即使只能算是个当"小工"的摄影助理,他也严格恪守着职业素养,除非电影已经进入宣传期,否则问他啥都不说。但看得出来,他跟的剧组已经越来越牛了,参与拍摄的电影好多已经是我们能叫上名儿的。我觉得他压根儿没想过转行——这种对做电影如此渴望又执着的人,就算生活给了再大的阻力,他也能够抵抗。

渴望,是一种迫切的希望,比梦想更现实,比愿望更殷切。

有多渴望,就有多勇敢,就有多坚持。

心之所向,素履以往。你心底是否也有一种执念,一种渴望,一年又一年?

> 总会有一个人在未来的某一刻牵着你的手一起走,别在遇到他之前失去了耐心。

譬如,对真爱的渴求。一个姐姐,一直以来想找个真的合得来的人,在无数的催促和压力下并未随随便便嫁了,有机会就真诚地交个朋友,平时则潜心于自己的事业。终于在34岁那年,遇到了一个男人。当她讲起自己的研究,谈起对自闭症儿童的关切,他凝望注视的眼神里流露出满满的欣赏和爱意。去年,他们结婚了。

总会有一个人在未来的某一刻牵着你的手一起走,别在遇到他之前失去了耐心。

譬如,对未来的执着。一个学工科的朋友一直想去欧洲深造,本科毕业后来北京,从零开始学德语。为省钱,轮流在同学的宿舍借住,每天和宿管阿姨"斗智斗勇";一直到除夕夜才回家,当年却连续被拒签了3次而丧失了继续申请的资格。在第二年又被连续3次拒绝之后,他转投瑞士,又惨遭失败。今年,终于有一所他喜欢的英国院校向他伸出了橄榄枝。

每个人的未来都有无数种可能,愿你愿意拼一下,争取最想要的那种。

譬如,回报父母的渴望。朋友小婉曾不无惆怅地说:"每次听说谁把爸妈接到大城市'享福'了,谁又带父母出国旅游了,谁又给父母买什么稀罕玩意儿了,我总是暗自想着,以后,我也要这样。但遗憾的是,今年买房,首付还得靠爹妈替我出钱补齐。"我想对她说,只要你坚持着努力下去,总有一天可以给得起你想给他们的东西,而且这种渴望本身就是最宝贵的。

什么衣锦还乡、光宗耀祖,都不如坚守这样一种感恩的渴望更动人。无论以后是平庸还是显赫,请把"色难"二字铭记于心。

一年又一年,时间能抚平一切伤痕,却也可能磨平所有梦想。如果你没有被一次次的困难险阻击败,如果你觉得目前这样的日子离想象中还差了一点点,如果你也有源自本心的一种不甘、不愿、不舍,请在还没有看到结果的日子里,继续坚持。

为什么过年的时候,每个人都想回家?因为家是我们出发的起点,新年也是一切开始的地方。从这个地方、这一刻起,我们每个人又重新站在同一条起跑线上。在跨过零点这个神圣的时间仪式之后,过去所有的颓废、失败与阻挠被一下子抹平。重温了起点的模样,那些渴望,又活灵活现起来;而那个累了一年的你,又满血复活。

愿新年那一缕唤醒你的阳光,也能唤醒你内心的渴望。

你说,
你不爱种花,
因为害怕看见花瓣,
一片片地凋落。
是的,
为了避免一切结束,
你避免了所有的开始。

D

一想到能和你共度余生，
我就对余生充满期待。

——乔一

不要因为害怕失去,

而不敢去拥有,

否则,你就失去了人生。

同样的,

不要因为拥有什么,

而担心它的失去,

否则,你就失去了自我。

我们终会从爱中
获得幸福

文·猫小熊

第一个故事,是一对大学情侣。

那年夏天毕业前,他找了一份外地的工作,她送他去火车站,两人在站台拥抱告别,她在心里做了最坏的打算。他独自在那座陌生的城市打拼,她赖在熟悉的校园里复习考研。每天晚上,从图书馆走回宿舍都要经过一片小树林,黑黢黢的没有灯。是他的电话陪伴她,即使黑暗,也从不慌乱。有一天,她刚从图书馆出来,手机就没电了。回到宿舍,充上电,她开始洗澡。从浴室出来,手机上27个未接来电。回拨过去,是他从未有过的焦急和气恼。第三天一早,他突然出现在她面前,告诉她,那种让他提心吊胆、六神无主、搞不清她状况的事,今后再也不能发生了。

今年,是他们在一起的第8个年头,孩子一岁。他说,他从

> 爱与被爱是相伴而生的。在每一份爱情里,都没有无缘无故的付出,也没有心安理得的接受。

未后悔当年冲动辞职,回来守着她。为了爱她,他可能失去了一些东西,但得到的一定更多。就像那首歌里唱的:"在不安的深夜,能有个归宿。"那种稳稳的幸福,是爱给予他的,也是他最想要的。

第二个故事,关于城里的她和农村的他。

他们在一起快两年,眼看就到了要见家长的地步。他有些忐忑,并非因为自己不优秀,而是担心出身农家,会被她在城里工作的父母瞧不起。见面的过程异常顺利,她父母都是平和中透着热情的人,丝毫没有让他感到一丁点儿冷落。即使她父母知道他还买不起房,也依然没有为难他。又过了一年,他交了首付,在那个小城市里买下一套两居室,房本上只有她的名字。那是他这几年辛苦工作,熬更守夜,外加做两份兼职,好不容易凑够的钱。

他说,他知道当时她的父母是反对的。可是,她没有计较他不富裕的家庭和微薄的收入,她只是爱他,还私底下想尽各种办法做通了父母的工作,没有让他所谓的男人自尊受到一点伤害。为了回应她的爱,他愿意付出更多。

第三个故事，是坏脾气的他和好脾气的她。

她是个古灵精怪的姑娘，会把他的头像P到各种卡通人物上，在他心情不好时，就传给他解闷；她也是个贤惠的姑娘，经常熬好银耳汤送到他的办公楼下，看着他吃完再走。她爱在网上给他买衣服，可能并不贵，但她会在心里设想各种他穿上她买的衣服之后的样子，想着想着就会嘴角上翘。那年七夕，他忘了送她花。她回："我如果贪恋的只是花，那早就嫁人了。"可是，他并不是一个好脾气的人，常常莫名其妙地发火、冷战，工作一忙起来就会把她忘得一干二净，以至她已经离开好几天了，他都没有察觉。

如今，他依然单身，常常独自在深夜里翻来覆去地听"终于在眼泪中明白，有些人一旦错过就不在"。他有些心酸地祝福她今后幸福，也默默提醒自己，不能再对别人付出的爱视若无睹，更不能斤斤计较、吝啬付出自己的爱。

现实生活中的爱情，远远不只这三种。可是，这样的故事，你可能也曾经历。故事里的人，可能是身边的他她，也可能就是你我。

有人说，爱与被爱，是这个世界上最重要的事，也是我们会耗尽一生的追寻。可见，爱与被爱是相伴而生的。在每一份爱情里，都没有无缘无故的付出，也没有心安理得的接受。付出爱与得到爱不会相抵，爱与被爱累加起来才是幸福。

当爱情来的时候，我们往往很容易说出那三个字。可是，当矛盾、摩擦和各种不如意接踵而来，又有多少人愿意做到体谅与包容、迁就与坚持？一份持久的成熟的爱，不是浪漫和苦情桥段的汇集，也绝非对无理取闹的无条件忍让。它可能是无聊时安静地坐在一起喝一杯咖啡，是像朋友一样相互欣赏相互理解而不苛求对方，是在琐碎的公务和家事中的分担与适度分享，是受伤时候的一个拥抱和一句"还有我陪着你"。

所以，如果你正在享受爱情的甜蜜，请再勇敢再坚定一些！如果有了一些忧伤，也没关系，那可能是给你更多一点时间去学习如何更好地爱。毕竟，不论早晚，从爱中获得幸福和快乐，才是人生的最终目的。

愿每一个你，都沐浴在爱里！

你给我爱情就好，
面包我自己买

文 · 米格格

　　暖暖说，她和前任男友分手时，最痛心的不是就此形同陌路、各安天涯、恐怕今生都不能再见，而是他发的那条短信："那 6000 块钱，你什么时候方便，打给我吧。"

　　那 6000 块钱，是暖暖的父亲突遇急事时，她从男友那里暂借的，当时加上自己手里的积蓄，凑了 3 万块钱给家里。早就说好是借，但两个人感情一直不错，甚至有想到将来，事后也就没太着急还。不料，就在暖暖刚刚提出分手，且还没掰扯清这段关系的时候，对方就开始索债了。

　　其实，前男友也不是真的想要那点钱，他只是想用这样的方式去刺激一下暖暖。那段时间，暖暖刚刚丢了工作，手里的钱很有限。他这么做，无非是想让她难堪，发泄心里的怨怼。他始终认为，是暖暖背叛了他，爱上了别人。

> 如果问我在爱情和面包之间选择什么,我会说:
> 你给我爱情就好,面包我自己买。

暖暖对这段感情,原本还有一丝眷恋,可这一条短信的出现,却把她推到了决绝的立场中。真正的问题不在于钱,而在于人心。是啊,五年的感情,难道敌不过6000块钱吗?

暖暖从不是贪图便宜的女孩,就算男友不说,这笔钱她也会如数奉还,只是话从对方嘴里说出来,终究让人觉得不舒服,甚至有些寒心。第二天,暖暖给前男友发了消息:"钱已打给你,注意查收。"看似云淡风轻的一条消息,每一个字里都挂着眼泪。

是的,一切都结束了,结束得那么俗气,那么丑陋。

很快,暖暖就有了新工作。她把全部的精力都投入到工作中,约她见面都要提前排档期。我问她:"要不要这么拼?"她说:"一定要,我不想再那么狼狈和难堪。"

爱情这件事,不是倾尽所有,就会有好结局,但工作不一样,只要你是真的努力,它定不会辜负你。暖暖的事业开始走上坡路,从最初的月薪3000,一路飙升到了6500,加之年终奖,年薪基本上9万—10万的样子。在四五年前,这样的薪资虽不算太高,但也不算低。

周围的姑娘们开始陆续传来结婚的消息,暖暖依旧单着。不屑努力的人说:"差不多就行了,还是多操心找对象的事吧!"

羡慕嫉妒的人说:"财迷心窍吧?赚钱没够!"

我也调侃过暖暖:"你现在是不是觉得,只有钱能给你带来安全感?不太相信感情了?"暖暖笑了笑,没直接回答我的问题,而是扯了一句:"我可不是那种失恋一次,就骂全世界没有好男人的主儿。"

然而,那天晚上,我在暖暖的微博里看到了这样一段话:"我努力赚钱,不是因为我爱钱,而是这辈子我不想因为钱和谁在一起,也不想因为钱而离开谁。如果问我在爱情和面包之间选择什么,我会说:你给我爱情就好,面包我自己买。"

呵,我总算懂了,这女子是再不想于爱情中掺杂进金钱的关系,她想要的,是一份纯粹的爱,不为钱而委身于谁,也不想将来为了钱而被迫离开谁。

写到这儿的时候,我又忍不住想起了菁姑娘。她爱上了家境不富裕的小伙子,对方也真的是有情有义,但菁姑娘的父母就是不同意。为了跟心爱的人在一起,她和父母断绝了关系,父母连她的婚礼都没有出席。菁姑娘以为,今后可以慢慢地融化父母的心,一切都来得及。但现实,却给了她重重一击。

孩子出生一年后，丈夫突发脑溢血，昏迷两个多月后，总算恢复了意识。可惜，身体留下了残疾，半个身子不能动，只能日后慢慢进行康复训练。菁姑娘原本还是很坚强的，丈夫昏迷不醒的时候，公公都说要放弃，她却坚持要给他治疗。其实，他生病的时候，家里只有2000块钱，所有的治疗款都是借的。

当这场风波过去后，所有人都以为天下太平了，至少人都还在呢！没想到，时隔一年后，菁姑娘在撕心裂肺的痛哭中离婚了。生活的重负，她背负不起，她对未来失去了信心。当年所想的，不过是找一个能依靠终生的情郎，却从未想到过，生活还有这样的时刻，山一样的男人也可能会倒下。

有时候，我在想：如果菁姑娘能撑起这个家，年收入不菲，或是有出色的事业，结局会不会好一些？

对于平凡的女子来说，我们不奢望豪门，但能否在生活遭遇滑铁卢的时候，撑起一个简单平凡的家，继续把日子过下去，行不行呢？

近两年，我的工作一直排得很满，辛苦是肯定的，但我也很享受这份踏实和自足。我在不断努力，希望每年上一步台阶。颇有意思的是,身边也有许多人跟我说:"一个女孩子,那么拼干吗?""你赚钱没够呀?"我通常都不解释,偶尔会顺意地说一句:"没办法,天生劳碌的命。"

事实上,我赚钱,不是因为我多爱钱,而是我看到了生活充满变故,唯有让自己变得足够强大、足够优秀,才能够撑得起自己想要的生活。

于感情上来说,经济独立是我的资本,也是我的骄傲。遇见了比我优越的人,我不会觉得是高攀了他;遇见了真爱的穷小子,我也不会让俩人的日子过得太寒酸。这,才是我努力赚钱的意义。

请对最亲密的人
保持尊重和耐心

文·王瑞珂

前段时间，朋友和我吐槽："你知道吗，我费尽人力、物力、财力帮了好朋友一个特别大的忙，结果，你猜怎么着？他从头到尾居然连个'谢'字都没说，居然还开玩笑说我办事'拖字诀'。好歹，咱也是自掏腰包，动用各路人脉关系，费劲巴拉地帮了他那么大一忙，不求他感恩戴德，最起码得冲我说声'谢谢'吧！"

我安慰朋友说："可能他觉得和你关系很铁，说'谢谢'太见外吧。你不也说，开玩笑说你'拖字诀'吗？可能你的朋友犯了我们大家都很容易犯的一个错误就是，对陌生人太客气，而对亲密的人太苛刻。"

譬如，我们平时不顺心的时候，不也会对父母大声嚷嚷，不停抱怨，甚至发脾气吗？比起你对朋友的帮助，父母可是含辛茹苦地把我们养大成人，可是我们又有谁会在父母做好饭的时候说声'谢谢，您辛苦了'？大多数时候都抱怨，菜炒咸了，油放多了。试想一下，父母听了这些抱怨该多伤心啊。"

朋友若有所思地点了点头。

我们最大的错误就是把最差的脾气和最糟糕的一面都给了最熟悉和最亲密的人，却把耐心和宽容给了陌生人。

对待最亲密的人，我们习惯成自然地不懂礼貌、不会温柔、忘记感恩，不是大呼小叫、不停抱怨，就是懒得搭理。因为太过熟悉了，不知珍惜，而慢慢失去了应有的耐心和尊重。

即使对最亲密的人也要保持应有的尊重和耐心，这是一个人成熟的标志。

突然想起一对七八十岁的老夫妻，虽然儿女们都非常孝顺，每个月都会给他们不菲的赡养费，但是他们却坚决不和儿女们住在一起。起初他们会说，人老了，跟年轻人很多想法和生活习惯都不一样，住在一起麻烦，还是分开住比较舒服自在。

有一天，老人不经意间吐露真情，儿女们都很好，也很孝顺，但是总觉得在他们面前就像犯了错误的孩子，总害怕他们会像教育孩子一样教育我们。

> 我们最大的错误就是把最差的脾气和最糟糕的一面都给了最熟悉和最亲密的人,却把耐心和宽容给了陌生人。

"为什么睡觉前不刷牙,嘴都臭死了。"

"为什么不爱洗澡,衣服领子都成黑的了。"

"老年人不能吃太多肉和甜食,容易引起三高。"

虽然我们都知道,孩子们是为了我们好,但有时候看他们像训孩子一样教育我们,就是心里不舒服。

其实儿女们的初衷都是好的,只是有时候失去了应有的尊重和耐心,在沟通的时候忘记了照顾老人的自尊。

老人渴望得到爱的返养,不仅仅是赡养费或衣物,他们更渴望得到子女的尊重和耐心对待,渴望你把他们当作拉着衣角不愿离开的小时候的你。

我们之所以会把最差的脾气和最糟糕的一面都给了最熟悉和最亲密的人,是因为我们总觉得,最亲密的人永远不会离开我们,即使我们犯了错,惹他们生气,他们也不会怪罪我们。

事实上,不管是亲情、友情、爱情还是婚姻,都是易碎品,一旦出现过裂缝,便很难恢复原貌。即使最亲密的人,也会因为我们的不尊重和缺乏耐心而受到伤害。

所以,无论如何,请用心呵护他们吧。这不仅是高情商的表现,更是成年人的处世法则。

去爱一个积极的人

文 · 杨熹文

在分手后的几年里,我都一直保持着恨他的状态。恨他带走的快乐,恨他带走的光阴,恨他已经在新生活里逍遥,我还活在自己的旧日子里怀念。

我变成了一个沉默又难过的人,把所有的空闲用来发呆,再把所有发呆的时间用来憎恨。

我的生活过得不好,肥胖、没钱、缺少爱、无所成就,所有令一个女人不快乐的事情,全都接二连三地降临在我的生活里。

一个女人只有过得不好,才去回忆过去。

我常在夜里半梦半醒,眼泪湿着半张脸,咀嚼他说过的每一句话。

我记得他嘲笑过我的身材,记得他践踏过我的梦想,记得他的自私、逃避和无情。

我记得他最常说的一句话是"就你?"记得他最常见的表情是微微仰头鼻子哼出一抹冷笑,记得他的背影多过了他的脸庞。

我在一场场梦里勇敢地和他对峙,却在醒过来的那一刻溃不成军。

我用长久的挣扎原谅了他的不爱,可我依旧痛恨他一直以来罩在我生活里的负面影响。

旁人含蓄地指出我的变化,"最近看起来很疲惫呀?""近日的伙食一定很好吧?""怎么很久也不见你写东西?"

朋友们心疼地看着我变胖、变丑,一双明亮的眼睛像两盏被舍弃的灯,倏地黯淡下去。

那一年,我从他手中接过一个潘多拉般的盒子,据说里面装有爱情的遗产,我却在打开它的瞬间被推进漩涡式的命运,那漩涡里面有迷茫、绝望、质疑,这些让我没办法再对什么抱有期望。

每每我想为生活里的什么做出点努力,却从盒子里听到来自过去的声音,仿若针扎般戳着我,"你不行。""你不可以的。""那么多人都在拼,你凭什么觉得能赢的就是你?"

我背负着一段消极爱情带来的后遗症,它让一个曾经自卑的我，更加地自卑下去。

直到在深夜的枕边看到亦舒写:"无论怎么样，一个人借故堕落总是不值得原谅的，越是没有人爱，越要爱自己。"我才在果敢女子的故事中释怀了自己的一部分，而另一部分的治愈发生在后来和一位女友谈心时。

女友比我大将近十岁，经历过几段感情，已经到了催婚大妈眼中钉的年龄，却从不见她慌张，也从没见她为爱情苦恼。她一直把自己和生活都经营得很好，我们这些在爱情里频频落水的姑娘，常常把她当做岸边最清醒的救命人。

她皱着眉头听我诉说近几年的苦恼，然后忽然很没头脑地告诉我:"下次记得去爱一个积极的人。"

我带着半信半疑的态度去过接下来的人生，竟然真的等来一个积极的人。他是最普通的那类男子，长相普通、家庭普通、背景普通，看起来并不是别人口中太有前途的男朋友。

可他的身上却散发着一种独特的魅力，让人无法拒绝。那是一种类似阳光的味道。

我未曾预料到，就是这样的阳光，让我找到了丢失已久的光明。

我第一次和他约会，餐厅的服务生上错菜，我把咖啡洒在了牛仔裤上，外面的天气阴沉得让人想哭，而我的生活里又有那么多的麻烦要解决，我只想赶快吃完饭，回家继续过一个人的生活。

他好脾气地和服务生解释，又把一条湿着的手帕递给我，然后笑着和我说："觉不觉得这样的天气，最适合喝两杯热咖啡？"他擦干桌上的污渍，递给我又一杯咖啡，然后指着窗外问我："你看那把带云朵的雨伞，多好看？"

之后的日子里，我都无比庆幸自己因为这个细节和他在一起。

他天性乐观，喜好分享，又难得是个平和、宽容、理性的人，活得认真又稳重。他是个绝好的男人，有一万种优点，我最最爱他善于发掘光明的那一面。

他耐心地听我讲述自己的自卑，再把埋藏在我身上的优点一条条地指给我看："这么好的人，为何自卑？"

我对他敞开心扉，谈人生谈梦想，在受阻的时候心有顾虑，他鼓励我："不是每个人都有梦想，喜欢就别放弃啊。"

我开始写作,他一个从不爱好文学、只要看书就瞬间睡着的人,送我一张昂贵而宽大的书桌,对我说:"作家就得有点作家的样子嘛。"

我开始在网上发表豆腐块的文章,他第一时间转发到朋友圈。他和别人大大方方地介绍我,他说:"这是我的作家女朋友。"

我是个无人知晓的文字爱好者,可是他那双眼睛,越过别人种种的质疑,在相信我。

那一刻,我忽然想起来若干年前另一个人和我说:"那么多人都在拼,你凭什么觉得能赢的就是你?"

而眼前的他却在告诉我:"总有人会赢,为什么不是你?"

他的口头禅是"没事的""会好的""振作起来啊";他的人生哲学是有梦就追,不要浪费时间去怀疑自己;他对爱情的态度是两个人一起努力,有这么多爱,还怕什么呢?

我们也闹过很多大大小小的矛盾,他无一次丧失理智,无一次置我于不顾,无一次逃避现实选择离开。

他让我意识到那个光明伴侣的意义,让我觉得没有什么事情是解决不了的,没有什么想做的事是做不成的,没有什么想过的

> 选择一个伴侣,不仅是在选择一段爱情,更是在选择一种生活的态度。

生活是过不上的。

他是一个积极的伴侣,我也在这样的潜移默化中成为一个积极的人。

朋友们看到我的变化,也为我欢欣,连站在镜子前的我自己也觉得人生充满希望。我手中的潘多拉盒子不见了,我第一次看见自己这么美好的一面。

很遗憾,我们后来因为距离的原因,和平地分了手,没有幸运到拥有长久的缘分,但我却收获了一份长久的影响。

在新书发布的那个时候,他发给我一条信息,现在还保存在我的微信里。他说:"我说过的吧?你一定可以。"

我热泪盈眶,即使爱情失效了,我也毫不怀疑,我身上的自信、乐观、信念满满,这都是来自爱情的印记。

我忽然想起自己二十岁的时候,身边都是一群爱到天真的姑娘,爱起人来都带着点宿命的味道,还来不及懂得一个消极伴侣所带来的毁灭性影响。

我们认定所有的女人都因爱而活,以为自己遇见什么样的爱情,就是什么样的运气,就算这段爱情把自己榨干,把自己拖垮,也要死守下去,绝不会主动撒手。

我们爱得太单纯，常常忘记自己也有选择爱情的权利，于是往往在一场消极的爱情里独自流眼泪，然后拿"爱就爱了，还能怎么样"，来徒劳安慰自己。而如今，受过伤的姑娘已懂得，选择一个伴侣，不仅是在选择一段爱情，更是在选择一种生活的态度。

问过一个女友："年轻的时候，为什么爱一个积极的人有那么重要？"

她说："因为爱过必留痕迹。"

爱过一个积极的人，我想这是我在爱情中做过的最正确的决定。

当拇指代替爱语，手机代替伴侣

文·周宏翔

某个娱乐节目里提到，每天全世界有三百万情侣第一次约会，于是每天都可能有三百万的新恋情诞生；但是，同时它又提到，一段感情的有效期平均是十八个月，超过十八个月，还能做到相看两不厌，要么是感情迟钝，要么是超脱了爱情。

学生时代的爱情，纯粹得让人觉得既傻又天真，那些幻想过未来十年相敬如宾的情侣最后都把美好丢在了回忆里，倒不是没有执手长跑的爱人，在各自的妥协、迁就、磨合的情况下，愿意为对方放慢脚步，牵扯自己，成就同一屋檐下的新天地。但，那毕竟是少数。沉默的大多数往往扶着夭折的爱情含泪奔赴明天，用忙碌麻木自身，让生活陪伴单身。于是，有一天，会发现，即使没有爱情，拿起手机，刷刷朋友圈，看看别人的生活，羡慕又嫉妒地调侃几句，随便点一个靠前的头像，开启一段简单的话题，日子也没有想象中那么孤单。

网络上说，现代人的安全感，核心要素有两点：手机还有电，卡里还有钱。简直命中要害。

试想早上起来抓不到手机的那一刹那，简直比听不到闹钟响更让人害怕；在地铁上和朋友打字聊天，说到要害处，因为网络阻隔而无法连接，收不到信也发不出去，简直比猫爪蹭玻璃更让人抓心；领导的电话刚刚闯进手机，还没有来得及滑动，就因没电而自动关机，眼下前不着村后不着店，除了感觉身后秋风扫落叶，就只能想到世界末日来临的时间并不遥远了。

再试想一下，离开校园之后的结交关系，有多少不是因为一个账号而相识，通过拇指聊天而熟悉？在看不见对方的另一端，嬉笑怒骂，口无遮拦，既有意淫的表情，又有远距离的安全感，遇到气场不合，转手拉黑，世界就安静了。这已然成为了最流行的交际方式，"你好""再见"，比速食快餐更让人觉得没有营养且毫无回味。

因为网聊而开始的感情，在手机上用二次元的表情代替着言语，随手转发的情书来表达爱意，你侬我侬，三言两语，好像就立马换来了绝世好心情，虽然没有立马要求见面，甚至可以拖长这种状态，介于暧昧和爱情之间，好像双方都是有趣的人，甚至

> 你是不是手机深度依赖患者,如果是,那我们还是不要交朋友比较好。

有了"命中注定我爱你"的意味。可等到真正见面,那些迅速死亡的感情像是厌氧的细菌,两人一桌,除了摆弄杯盘,也只有各自玩着手机。

"天啊,和想象中差好远!"

"完全不是有趣的人,都怀疑当时聊天的是不是他。"

"自拍角度才是原罪,为什么会相信照片!"

一边和好友吐槽心情,一边当着对方假装深情。

那些见面就死的爱情,当然并不是绝对,依然有因为见到真人而感觉亲切,一拍即合,投身去拥抱感情的人,但是很快也出现了问题,好比吃饭的时候,对方玩着游戏;走路的时候,对方回着信息;看电影的时候,对方接着电话;睡觉的时候,对方盯着手机屏,你又开始质疑,我们到底是在恋爱吗?对方说,为什么不是?你不禁道,你变了!不在乎我!对方的解释甚至连一点力气都没有,我变了吗,我以前也是一直拿着手机生活的啊,只是那时候你也在看手机而已。

我可以在手机上随意打出"么么哒",但是却极难亲口说出一句"我爱你";可以用小S的各种表情来张罗对话,却没有办法在现实生活中说一句心里话。你是虚拟世界的英雄,却是现实生活的书生。可想而知，我们多么适应有网络的单身生活，好过与人相处的二人世界。所以，那些所谓的每天有三百万的恋情发生就和你每天早上起床洗脸一样毫无特别之处，而那所谓的十八个月我觉得可能会更短。

所以，当人人都在质疑爱情是否还存在于世的时候，应该先质疑时代的快节奏到底让返璞归真的纯情还剩下多少。那些日新月异的新科技，代替了我们多少如数家珍的旧习惯；而那些看似被时代淘汰的东西，在某一天一定会让你眼前一亮，内心一震，激起你的复古情怀。

最终你会生气，破罐破摔地指着对方说，到底是手机重要还是我重要？当你问出这一句的时候，基本上，故事也就终结了。

"你敢不敢放下手机好好看看这个世界？"

"世界？不都在手机里了吗？"

有一天，书信会变得价值连城，亲口说出的真心情话也是，拥抱也是，亲吻也是，真挚的爱情更是。昂贵是因为他们稀缺，同样因为它们是人内心深处的需求。当我们在谈论爱情的时候在谈论什么呢？或许第一步，就是谈论你是不是手机深度依赖患者，如果是，那我们还是不要交朋友比较好。

不要因为害怕结束，就拒绝所有的开始

文·米格格

"你说，你不爱种花，因为害怕看见花瓣，一片片地凋落。是的，为了避免一切结束，你避免了所有的开始。"看到这句话时，她哭了。这些年，为了避免结束，她拒绝了太多的开始。

卸下伪装的面具，面对真实的自己，她不得不承认，骨子里的自己是一个极其自卑的人。她害怕去挑战未知的东西，害怕面对不熟悉的事物，害怕丢掉狭隘的自尊，害怕独自体会失败。所以，很长的时间里，她都像柔弱的小猫一样，蜷缩在自己的世界里，贪图着安逸，维持着那份安全感。

考大学那年，她发挥失常，成绩比平时低了四五十分。这样的结果，她并不甘心，可在面临复读与否的问题时，她坚定地拒绝了复读。她故作轻松地对周围的人说："没关系，读哪所大学都一样，现在找工作又不是单看毕业院校的名气。"她这么说，

旁人也便这么信了。其实，她在背地里哭了好几次，为自己的失败流泪，为自己的懦弱流泪。她实在害怕，怕复读之后，自己再次发挥失常，到那时，那骄傲的自尊该放在哪里？

18岁，她义无反顾地去了不熟悉的远方，读了一个不知名的大学，一个不喜欢的专业。填报志愿的时候，不少人都疑惑："咦，你那么喜欢英文，为什么不读英语专业？"她说："英语现在已经是辅助专业了，读不读都无所谓的，学其他专业的同时，也能自学英语。"这样的解释，听起来恰到好处，可谁也不知道，她其实是害怕失败。考语言专业必须得通过口语测试，如果没通过，那么这点儿唯一的尊严都会变得一文不值。

因为害怕失败，她与心中的目的地背道而驰，渐行渐远。

20岁，她再一次选择了逃避。这一次的逃避，给她的心灵留下了难以弥补的遗憾。

她喜欢上了一个男孩，他性格开朗，阳光帅气，有理想有抱负，从读大一开始就已经给自己未来的人生做规划了。每次跟他相处，她都觉得周身充满了正能量，是他身上散发出的气场感染了她，让她有一种想要变得更好的渴望。

她是那么想跟他在一起，让今后的每一天都变得璀璨耀眼。

> 人生最大的一种痛，不是失败，而是没有经历自己想要经历的一切。

可是，她不敢说出那句话，她怕！怕自己不够漂亮，配不上高大帅气的他，跟他站在一起时无法够得上"般配"两个字；怕自己家境平平，无法融入他和他那优越的家庭。她想，等自己变得足够优秀时，或许就可以坦白自己的心声了。

《傲慢与偏见》里说："将感情埋藏得太深，有时是件坏事。如果一个女人掩饰了对自己所爱的男子的感情，她也许就失去了得到他的机会。"

有时候错过一时，便错过了一世。爱情这回事，当时没有抓住，过后就只有后悔，没有谁会一直在原地等你。当她毕业后，有了光鲜体面的工作，觉得自己足够优秀时，他已经漂洋过海，在海的那一端找到了自己的真爱。

呵，她嘲笑自己的懦弱和傻气，他始终都不知道自己的心思，又怎么会想到与自己共度余生？现在的自己，虽已比过去优秀，可输了他，赢了全世界又如何？至如今，自己也不过是他最亲爱的路人。

待年岁一天天渐长，突然有一天，她觉得自己对生活失去了兴趣。在过往的岁月里，错失了太多想得到而不敢去争取的人、事。人生的轨迹与理想中的模样大相径庭，留下了太多的懊悔。

因为害怕，所以逃避；因为逃避，所以失去。或许，是违背心愿做了自己不想做的事；或许，是隐藏了深埋在心底的感情，错过了最爱的人；或许，是畏惧改变而得过且过，放纵了生活……待许久之后回过头看，发现生活已经完全走样。当年出发时的起点，已经与现在不在同一条轨道上。这一切是什么时候转变的，竟然毫无知觉。

其实，你怕什么呢？人生最大的一种痛，不是失败，而是没有经历自己想要经历的一切。有些事，尝试了，努力了，就算没有达到预期的结果，也可以坦然地说，我真的尽力了。

作者吴舒欣说得好："不要因为害怕失去，而不敢去拥有，否则，你就失去了人生。同样的，不要因为拥有什么，而担心它的失去，否则，你就失去了自我。"

想想看，毛毛虫把自己裹在千万丝缕中，从沉睡到初醒，张开眼睛，无尽的黑暗充斥着整个世界。没有明媚的阳光，没有嫩绿的树叶，看不到春华秋实，看不到碧草蓝天。蜕变的痛苦焦灼着它的身体，它试着挣脱黑暗的牢笼，挣脱灵魂的枷锁。它用柔软的头，一次又一次地冲撞厚厚的茧，一次，两次，百

> 不要因为害怕结束，就拒绝所有的开始，没有人会知道明天要面对的是什么。

次，千次。在不断的尝试中，它变得强大，最终冲开丝茧，起舞蹁跹。

  不要因为害怕结束，就拒绝所有的开始，没有人会知道明天要面对的是什么。你想要破茧成蝶，就得勇敢地尝试，每个人都是在尝试中成长的，绝无例外。

不靠谱和很安稳

文·卢思浩

1

我有个朋友 A，他恋爱谈了 7 年还是分手了。那阵子他看起来跟个没事人一样，我们都以为他没那么在意，结果有一天他喝醉了，莫名地哭了很久。第二天他醒过来，对我说了一句特文艺的话："其实在这个世界上没有一份感情不是千疮百孔的。"

后来我在文里写，青春的另外一个名字叫做徒劳。这样的一种徒劳无功，在于你无论怎么过，过的是挥霍是珍惜，等到以后你回想起来，都会觉得不够好。就像你很喜欢一个人，却清楚地知道你们不可能走到最后，最可怕的就是你明明知道这一点，却没办法改变它。

曾经我和我妈讨论过这个问题，她说明明不可能在一起还要谈恋爱,这样就是一种不靠谱。我说,没关系,现在我哪怕跌倒了也还能爬起来。

2

朋友B今天突然跟我聊起天来,她问我:"你将来是会选择一个你喜欢的,还是一个喜欢你的?"我想了很久始终不知道应该怎么回答她,我本以为按照我的个性,一定会说选择一个我喜欢的,再加上一句"我从不怕爱错,只怕没爱过"之类的文艺的话。却没想到,我踌躇了。

选择一个我喜欢的怕受伤,怕不靠谱;选择一个喜欢我的很安稳,却又怕自己不甘心。

她说年龄已经摆在那里了,拖不起了,还是选择一个喜欢自己的,也许会比较幸福一点。她说:以前对她来说,梦想比什么都重要,一心就想读研,现在却什么都不想了,只想早点回家,一点也不想累,不想做个女强人,想随便找份稳定的工作,有个稳定的老公、稳定的家庭,就这么算了。

3

我常常接到各方面的留言,问题不外乎怎么摆脱寂寞,怎么看待未来,怎么看待梦想。往往我都不知道怎么回答他们,直到元旦那天,凌晨4点我还在赶稿子,合上电脑的我睡眼惺忪却突然明白了:那些喜欢你的总有一天会不喜欢你,那些你抓紧的总有一天会抓不住,那些你想实现的梦想也许根本实现不了,那些曾经以为无比重要的总有一天会变成不重要的。不过这些其实都没什么,很多年以后你回想起来,唯一让你觉得真实和骄傲的,是你昂首挺胸、用力走过的人生。

我也许从来就摆脱不了所谓的寂寞,也看不清所谓的未来,也道不明为什么要这么努力去实现梦想,可是我依旧在做。好比如果在剧场开始的时候就告诉你和她的结局,你会说"没关系,我知道啊,我还是爱你",还是会转身离去?如果是我,我一定还会去喜欢她,仅此而已。

我宁愿让别人觉得我是变形金刚、百毒不侵、面面俱到、不知疲倦,我也不要让别人看到我难过、疲倦、跌倒、失落。我不喜欢去抱怨,因为我知道没人喜欢听抱怨。

与其担心未来,不如现在好好努力。这条路上,只有奋斗才能给你安全感。

4

其实爸妈一直觉得我挺不靠谱的,连我自己都这么觉得。我是那种对你百般好感未必说、对你千般厌恶未必讲的人。宁可自己内伤憋得严重,也要假装不在乎你;宁可在你消失的时候比谁都着急满世界找你,也要在你出现的时候假装不经意。

老妈至今还一口玩笑的语气说我:"你看看你,谈不靠谱的恋爱,写没人看的书,去没人知道的地方,真是不靠谱。"他们总觉得我现在这样太辛苦,每天日夜颠倒,想把我弄到家附近的单位工作。其实我不是没想过,回来离家又近又方便而且赚的也不会少,可我还是拒绝了。没错,也许写书是挺不靠谱的,但是我觉得没什么。写作就是写作的回报,画画就是画画的回报,唱歌就是唱歌的回报。如果人真的能做自己喜欢的事情,谁说这不是一种回报呢。

有时间我就每天花两小时看书,没时间就睡前看二十分钟,周末的话可以完整看本书。做论题做一遍做不好我就做两遍,文稿要求我写一万字我就写将近两万字然后删。写出一篇好文是运气,如果一个人一直在写的话,那就是靠努力。更多时候,世界对你的态度取决于你对世界的态度,没什么好抱怨的。

其实这都没什么,有个朋友每天晚上8点必须看部电影,然后喝点红酒装小清新,然后11点准时睡觉,住在楼上的小伙天天早上5点就起床跑步,而我那个时候往往还没睡。

我们都会找到属于自己的生活节奏,然后沉溺其中无法自拔。

5

我不知道是不是还有很多人面临着像我这样子的选择。其实大多数时候,不管我们选择不靠谱还是很安稳,我们都面临着一个很重要的问题。这个问题归根结底是三个字:"安全感"。

后来我才想明白了,与其担心未来,不如现在好好努力。这条路上,只有奋斗才能给你安全感。不要轻易把梦想寄托在某个人身上,也不要太在乎身旁的耳语,因为未来是你自己的,只有你自己能给自己最大的安全感。别忘了答应自己要做的事情,别忘了自己想去的地方,不管那有多难,有多远,有多"不靠谱"。

当你在犹豫的时候,这个世界就很大;当你勇敢踏出第一步的时候，这个世界就很小。等到有一天你变成了你喜欢的自己的时候，谁还会质疑你的选择不靠谱呢？你已经变成更好的你了，一定会遇到更好的人的。你是谁，就会遇到谁。

重要的是，不管是做怎么样的选择，都要对得起自己的内心。就像上面说的一样：很多年以后当你再次回想起来，唯一让你觉得真实和骄傲的，是你昂首挺胸用力走过的人生。

现在不让自己增值，难道要坐等着贬值吗

文 · 夏苏末

好友东东去了新公司。我问她感觉如何？她说："很忙，稍微松懈一点，工作就完不成。不过这样也好，刚好锻炼一下。"字里行间都是痛并快乐着的情绪，一副为难自己还特别嗨的畅快相。

东东有两个孩子，大妞四岁，二宝一岁半。她也曾是叱咤职场的"白骨精"，在经历过升职还是生子的痛苦抉择后，一头扎进了全职妈妈的队伍。

带孩子并不是一件容易的事，孩子的出生让东东柔软温暖，日子却比以前紧张了。她每天围着孩子的屎尿片打转，在时光里跌跌撞撞学着当妈，好不容易哄睡精力旺盛的宝贝，转身想跟爱人说说话的时候，才发现身边人早已鼾声如雷。

家里添了二宝，也换了新房，看上去几乎趋向完美，只是生

> 不怜悯自己的悲伤，才不会伤害活下去的兴致。

活却偏离了最初的模样。

老公在言行举止上若有似无的优越感，婆婆事无巨细都要管的霸道。东东很想回避这一事实，想把它们塞进时光的黑洞里，尽量不去想不去看，以防御的姿态把生活中的负能量全部屏蔽。直到无意间发现老公聊天记录里的暧昧表情，她才惊醒，虚张声势的伪装，注定只能得到滥竽充数的快感，而不是享受。

东东看着自己一手建立的爱情大厦，像豆腐渣工程般倒塌得稀里哗啦，不是没有当面对质的愤怒，甚至想立刻扬长而去。但是她也明白，婚姻生活里的一地鸡毛换个人未必会变好，为自己的心灵和头脑招兵买马才是最安全有效的。一个女人如果选择不妥协，没有什么力量能够阻挡她。

重新开始的滋味当然不好受，更糟的是累加效应的重锤，它会使得你对自身的价值体系产生怀疑。东东在两个月里投了许多份简历，几场面试结果都不理想，几乎心灰意冷的时候，一家物流公司伸出了橄榄枝。东东去了这家公司做内刊编辑，她很珍惜这份工作，做了许多尝试，也策划了几期颇受好评的专题。但公司的管理制度太松散，很多人在工作中缺乏积极性，做事敷衍散漫，东东觉得这种环境不利于自己成长，所以在公司待到第五个月的时候,她选择了辞职离开。

去人事部递交辞呈的时候,HR 经理找到东东谈话,言语婉转,表达明确而轻视:大龄的已婚妇女要同时兼顾家庭和事业,就该找份清闲的工作度日,比如现在的职位。

东东礼貌拒绝的同时,在心底冷笑:现在不抓紧时间让自己增值,难道我还要坐等贬值吗?

婚姻也许是一个女人的必修课程,却绝对不是唯一的核心课程。人生这所学校提供了琳琅满目的基础课,我们从中选出几门作为必修课,在漫长的时光中慢慢摸索,享受被爱被认可,也学会去爱去包容,学会当父母也学着当子女。在生活的细枝末节里,我们对自己身处的世界不断探索和理解,能够知道自己所学再多,如果失去独立性,精神就会不自由。

不怜悯自己的悲伤,才不会伤害活下去的兴致。

在徐志摩感情世界里被遗弃的发妻张幼仪没有怜悯自己,而是自给自足,亲身实践了耕耘与收获的对称性。在失婚产子后,张幼仪考入柏林裴斯塔洛齐学院。学成归国后,她在上海东吴大学任德语老师的同时,开办了自己的时装公司,专门在旗袍款式及细节之处做文章,一时受到全国名媛闺秀的热捧。时装公司开办不久,张幼仪又出任了上海女子商业银行副总裁,银行在她的努力经营下很快扭亏为盈,在当时的金融界占据了一席之地。

当然,张幼仪的高贵之处不仅是成为商界巨鳄的财商,也不是徐志摩意外身亡、现任妻子无力操持的情况下接手处理一切的品质,而是在失去婚姻之后,选择为自己打开了另一扇人生窗口的通透。

她的自述中有这样一段话,她说:"你总是问我,我爱不爱徐志摩。你晓得,我没办法回答这个问题。我对这问题很迷惑,因为每个人总是告诉我,我为徐志摩做了这么多事,我一定是爱他的。可是,我没办法说什么叫爱,我这辈子从没跟什么人说过'我爱你'。如果照顾徐志摩和他家人叫作爱的话,那我大概爱他吧。在他一生当中遇到的几个女人里面,说不定我最爱他。"

爱情这件事,有时不会让人觉得平等。相爱的时候每个人都懂得为自己的幸福努力,不爱的时候却鲜少有姑娘保持清醒,自愿截断末路,转换跑道。一纸契约并不是保证爱情的定心丸,真正能让你获得安全感的无非是不惧风霜的自信。相爱时彼此温暖,分开后不会皱眉,只愿拼尽全力打开那扇没人阻挡又格外有重量的窗,并深信自己会越来越好。任何时候,只有你对自己满意，才会对生活感到满意。赚不多却够花的钱，做一份喜欢的工作，坚持一到两个爱好，照顾家人也不忘记保持自我，先让生活见到最好的你，自然能得到生活的宠爱。

泰戈尔说："世界以痛吻我，要我报之以歌。"

愿你我用天真去善待，用本能去热爱。

孤独的日子，
往往是你迅速成长的日子

文·修行的猫

一次假期后刚上班的第一天，我和雀子聊天。她说："我很不开心，感到前所未有的不安和孤独。我特别不喜欢这样的状态。"

我问："你怎么啦，得了假期综合征了吗？"

"不是，老邓明天又要出海了，这次是太平洋航线，大约十个月的时间。"她郁郁寡欢。

雀子是我的闺密，我俩可以分享各种小秘密。她是一个乐观、独立、果敢的姑娘。老邓是她的男朋友，理论上讲应该是未婚夫。老邓是一名海员，一年三百六十五天，差不多二百多天都漂在茫茫大海上。

去年夏天，老邓休了长假，说想休息一段时间，好好陪陪雀子。雀子开心了很多天。俩人在天气晴朗时去湖边晒太阳、钓鱼，然后喝野菊花冲的大杯水；手拉手看电影，去花卉市场买一盆一盆的绿萝、吊兰，摆在冬暖夏凉的阳台上；去超市买食材，做老邓喜欢吃的韭菜鸡蛋馅儿饼和栗子蛋挞……

老邓在的时候，雀子通常是不出来陪我喝茶聊天逛街的。她全心全意地陪着他。她习惯了他的存在，但是他又一次要离开了。人是群居动物，都会害怕突如其来的孤独。雀子说，等老邓走后，她要养一只小猫或小狗，陪着自己。

末了，雀子说，其实被留下来的人才是最孤独的，还要站在原地安静地等待。然后，硬生生地给我挤出了一枚笑容，那笑容像躲在寒冬雾霾里的那一抹曚昽的太阳。我突然很心疼眼前这个身形单薄的姑娘，是得有多大的勇气才可以一次又一次面对长久的别离，而且是连三天一通电话都没有保障的异国爱情。还要在等待的日子里，保持优雅向上的姿态。

有一个周末中午，我做了个梦。梦中妈妈在厨房做饭，妹妹在庭院里和爸爸聊着她期末考试的成绩，只听到有敲门的声音，妈妈喊我："墨儿，小王同志到了，赶紧起床吧。"我寻索着浓浓的香甜味儿，在想我到底是该穿黑色的长裙子，还是穿米色的棉布衬衫和牛仔裤呢？然后就醒了。阳光穿过玻璃窗打在白色花朵的床单上，打在散落在床边的红色毛衣上。我呆呆地躺了好久，才恍然醒悟，哦，家里哪有人啊，在这个房子里，这个城市里，只有我自己。也许这就是孤独吧，突然惊醒的午后，发现身边连个说话的人都没有。

老实讲，每一年我最讨厌的，就是春节假期过完刚来上班的这段日子。因为我是一个长时间独处的人，除了上班时间，几乎都是一个人。但是一个人时，我会努力调整好自己的状态，我可以看电影、看书、写字、运动、画画……找各种事情去做。所以，孤独并不经常来我家串门儿。但春节假期打破了我的生活节奏，我每天跟家人、朋友在一起，热热闹闹的，不觉孤独。一到了上班时，我就开始感觉很失落，心里空荡荡的。

许久以来积攒的强大勇气，就像一只气球一样，经历了热闹喧哗的美丽时光后，砰的一声爆炸了。孤独无声无息地把我淹没，然后又需要吸气呼气，重新积攒力量去充满另一只气球。像我这种内向、慢热、不习惯用语言表达自己内心情感的人，往往需要躲在自己安全空间内调整几天，才能整理好心情再出发。

昨天在QQ上，雀子跟我讲，她找了一份兼职。她有一个朋友去了佛罗伦萨，半工半读，没时间照看网店，于是她接手帮忙打理网店。那是一家布艺窗帘的网站。雀子说，店里有安装师傅，也有客服，她就负责平时主页面的更换、配色和设计排版。我说，你拍照技术很赞，但是网页设计你可以么？她说，没关系，Photoshop我还能做，一直以来，只要与设计相关的元素我都非常感兴趣，所以我已经决定跟着视频学习Dreamweaver和Flash，我想让自己的生活多一些乐趣和色彩。

上一次老邓出海后，雀子跟着大卫学习摄影，她聪明好学、心思细腻，常常捕捉一些感人心扉的镜头，后来还参加了公司举行的摄影展。那次，她参赛的作品是《停留》，是她去海边写生拍下的照片。一望无际的大海与浅蓝的天空接连一片，海浪开心地拍打着沧桑的礁石，一枚红蓝条纹的小船系在岸边，小船静静地望着汹涌的大海，不知疲倦，船身上的漆脱落得斑斑驳驳。照片获得了二等奖。从这张照片里，我读出了小船的孤独和雀子的孤独，是给我们思考自己的时间，在一个人的日子里，我们要做的只有一件事，让自己变得更优秀。

思念。

上上次老邓出海后，雀子报了舞蹈班，跟着老师学习恰恰和拉丁舞。半年下来，瘦了五公斤。看着她纤细的腰身，我又一次咬牙切齿地决心要减肥。期间，她还报了广告设计的成人选修课，熟悉掌握了PS和AI。并且从一家传媒公司的文员成功跳槽到一家上市房产公司做策划师，主要负责广告推广工作，年薪翻了两倍不止。

雀子说过："像我这种不思进取的人，每次下决心改变自己时，总是在我最孤独的时候。我痛恨这种孤独的状态，孤独伴随着不安刺痛我的内心，所以就迫切地渴望通过自身的强大去改变这样的状态。老邓每一次出海后，没人陪我时，我就赶紧找点事情做，不至于太冷清。我想把自己的生活塞得满满当当的，这样每天都是多姿多彩的。"

我呢，一个懒癌晚期患者。王先生陪着我时，我只需要每天上班，其他一切不用操心。我不学做菜，反正有人做；我不学开车，反正有人送；我不整理房间，反正有人整理；我不搬重物，反正有人来搬；我不缴物业费、水费、电费，反正有人缴；我不去取快递，反正有人取……

可是,王先生在另一个城市工作,每年至少两百天的日子是属于我一个人的。日子嘛,总是得自己过。所以,每当下班后自己又不愿意在外边随便吃点晚饭时,那就自己做点吧,自己最了解自己的胃嘛。吃完饭,也没人跟我聊天儿贫嘴时,就找些自己喜欢的书读读。人丑要多读书,人笨要多读书,人懒要多读书。那么,我又丑又笨又懒,更没有理由不多读书。

我还有个兴趣,就是写字。从去年五月份在网上写文字以来,陆续收到一些好评和喜欢,我很快乐。我发现写字是一件快乐的事情,继而发现孤独感渐渐远去了,独处也可以是一件快乐的事情。

今年是王先生去另一个城市工作的第三年。渐渐地,我发现我学会了自己做菜、自己养植物、自己开车去陌生的地方度假,学会了管理时间,也在逐步治疗自己的懒癌。这样想想,我也是有收获和成长的。

有人说陪伴是最好的礼物,可是我们这些没有礼物的人,也得学着自己送给自己礼物。我感谢每一段孤独的时光,感谢在这些时光中蹒跚的自己。

孤独,是给我们思考自己的时间,在一个人的日子里,我们要做的只有一件事,让自己变得更优秀。